巾帼英雄秦良玉

彭广文　编著

九 州 出 版 社
JIUZHOUPRESS

图书在版编目（CIP）数据

巾帼英雄秦良玉 / 彭广文编著 . -- 北京：九州出版社，2023.7

ISBN 978-7-5225-2132-9

Ⅰ．①巾… Ⅱ．①彭… Ⅲ．①秦良玉（1574-1648）—生平事迹 Ⅳ．①K825.2

中国国家版本馆 CIP 数据核字（2023）第 172163 号

巾帼英雄秦良玉

作　者	彭广文　编著	
责任编辑	云岩涛	
出版发行	九州出版社	
地　址	北京市西城区阜外大街甲 35 号（100037）	
发行电话	（010）68992190/3/5/6	
网　址	www.jiuzhoupress.com	
印　刷	唐山才智印刷有限公司	
开　本	880 毫米 ×1230 毫米　32 开	
印　张	7	
字　数	156 千字	
版　次	2024 年 1 月第 1 版	
印　次	2024 年 1 月第 1 次印刷	
书　号	ISBN 978-7-5225-2132-9	
定　价	69.00 元	

明莊烈帝崇禎三年召賜太子太保誥封一品夫人前軍都督府同知兼
四川總兵官秦良玉詩

學就西川八陣圖　鴛鴦袖裏握兵符　由來巾幗甘心受　何必將軍是
丈夫　一蜀錦征袍自前成　桃花馬上請長纓　世間多少奇男子　誰肯沙
塲萬里行　露宿風餐誓不辭　飲將鮮血代臙脂　凱歌馬上清平曲
不是昭君出塞時　三馮將篡第　三字缺一派歡聲　動地呼試看他年麟
閣上　丹青先畫美人圖

明崇禎庚午　先太保勤玉名對平臺賜詩四章歸藏玉音樓兵甲冠變七夫傳間
記憶者惟蜀錦征袍革也歷九十年玉我
朝乾隆丙申得見全詩於臨江熊氏家藏扇面上捧誦如覩球圖鑱勒石示于諸其
第四章首句臺缺三字敬闕之
元孫宗大沐手敬書

这块碑是秦良玉元孙，石柱宣慰府宣慰使马宗大亲笔书写的崇祯皇帝在平台召见秦良玉时所赐诗四首，立在大都督府，后损毁，此图为电子修复。

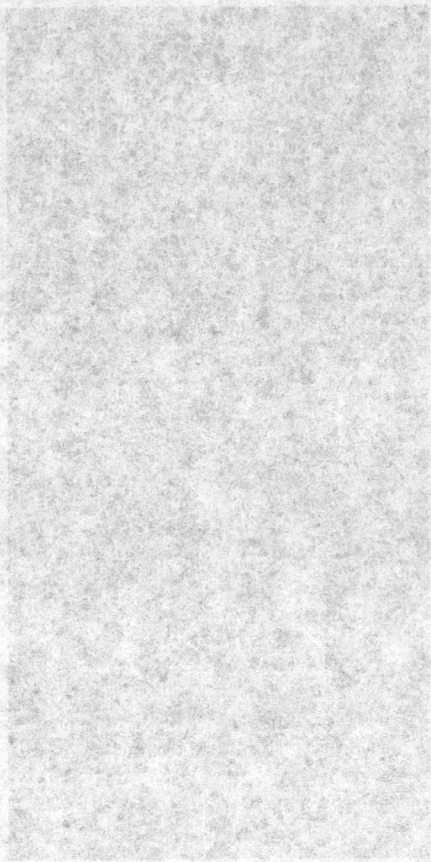

序

李传锋

　　我和彭广文先生是偶然认识的。2012 年 12 月 14 日，我们在宜昌三峡大学参加土家族确认 55 周年学术研讨会，我在发言中讲了我们要写土家族历史长篇系列小说《武陵王》的意图。没想到当天中午，石柱县的宣传部部长彭广文先生就带着人到了我们的房间，他们热情肯定了我们的写作意图，并一再邀请我们去写写石柱秦良玉，还给我们三人大致讲了秦良玉的故事。

　　次年 7 月，吴燕山、李诗选我们一行 4 人从武汉出发，走高速公路直抵重庆市石柱县。我们在石柱县得到了县委宣传部、县文化委和文联的热情接待，专程踏访了万寿山。万寿山是秦良玉当年的兵寨，我们攀岩附葛才能上山，真的得感谢老天爷，这座山还没被市场开发，让我们得窥真容。我们还参观了秦良玉墓、三教寺，到忠县参观了白公祠，看了秦良玉故乡，在石柱县文广局召开了座谈会。

1

石柱县多年研究秦良玉，成果丰富，我们拿到了一大堆资料，可以说是满载而归。

从那时开始，我们有了较多的接触。彭先生对石柱很熟悉，是一个称职的宣传部部长，更是一位研究和宣传石柱文化的热心人。我们在创作《秦良玉》（又名《蜀锦征袍》）小说的过程中，研读了石柱土司王秦良玉的有关史料，但对白杆兵没有进行深入研究。现在来读彭广文先生编的《巾帼英雄秦良玉》一书，让我们对巾帼英雄秦良玉和她战无不胜的白杆兵有了更全面更真切的了解。

中国古代以刀枪立兵，不乏家兵悍将，靠了说唱艺术的传播，中国老百姓对杨家将、岳家军等耳熟能详。在明朝抗倭之战中，广西俍兵、武陵土兵、石柱白杆兵、戚家军等曾让倭寇闻风而丧胆。明朝末年，朝廷腐败，阉党专权，加上天灾人祸，天下大乱。西南有杨应龙、奢崇明、安邦彦等土司先后割据一方；中原有李自成、张献忠、罗汝才等攻城略地；东北有清军挥师南下，大明朝真正内忧外患，岌岌可危。川东南石柱宣抚府的一个女土司王，凭借一颗忠君报国之心，以超群的胆略、科学的操练，亲手缔造了一支以土家兵为主的超级地方武装——石柱白杆兵。

通过《巾帼英雄秦良玉》这本书，我们对秦良玉这个女统帅、对她所率之军有了更加真实生动的认知。这样一支以枪得名的部队，一群只有几万人的武装，一共只生存了70多年的私家部队，却在明末清初那个风雨飘摇的年代，受朝廷驱遣，奔赴西南、辽东、中原等战场，英勇善战，所向披靡，打出了白杆兵的威名，打出了川兵的威风，打出了土家兵的威猛。

这支部队，有男有女，有父有子，有兄有弟，有亲有戚，有老有少，有僧有俗，从最初的两三千人发展到五万之众。

这支部队，有步兵有骑兵；有冷兵器，也有热兵器；有侦察兵，也有炮兵。从兵器到装备、从后勤保障到战地救护，一应俱全，它是我国历史上一支全天候集成化部队。

这支部队，从明万历二十三年（1595），秦良玉以一汉家女子从忠州嫁到石柱土司与丈夫马千乘一道创建，到清顺治五年（1648），秦良玉率领白杆兵南征北战，东讨西伐，足迹遍布华北平原、云贵高原、汉江中原。先后经历了援朝抗倭、播州平叛、浑河血战、镇守榆关、成渝解危、京都勤王、夔州阻敌、万寿御敌等大小20余次战斗。秦马两家先后有几十位将军捐躯，仅秦家就有8位将军献身。真正两门将帅，全家忠烈。

这支部队从土地而起，从苦难中来，经过秦良玉的操练，阵容整洁，行伍肃然，纪律严明，能兵能民，所到之处秋毫不犯，备受京都城民和老百姓的喜爱。

《巾帼英雄秦良玉》一书，对白杆兵产生的历史背景、组织结构、任务、特点、战例、将帅等都有介绍，特别是对其长枪枪法有详细介绍，让我们大饱眼福。

秦良玉23岁建军，26岁带兵打仗，直到75岁还披袍上阵，报效国恩。她凭着一骑桃花马、两支鸳鸯剑，叱咤风云，驰骋疆场，勇赴国难，戎马倥偬50余载，是华夏唯一凭战功拜将封侯的女将军，是唯一登录国朝正史的巾帼英雄。这不只是女性的骄傲，也是少数民族的骄傲，给中国军事史增添了很有特色的一页。秦良玉的功绩，先后受到万历皇帝、泰昌皇帝、天启皇帝、崇祯皇帝以及南明隆武、永历六位皇帝的嘉奖，崇祯皇帝还亲自为她赐诗四首，在古今中外，实属罕见！她的荣誉被镌刻在墓碑上："明上柱国光禄大夫镇守四川等处地方提督汉土官兵总兵官挂镇东将军印中军都督府左都督太子太保忠贞侯。"盖棺论定！

时光易逝，沧海桑田。300多年前的白杆兵虽然被历史的尘土掩埋，中国军事技术发生了质的变化，但白杆兵的建军精神却永载史册。白杆兵忠君爱国、保境安民的思想境界，敢于担当、勇赴国难的家国情怀，英勇顽强、不畏强霸的英勇气概，不贪钱财、清廉贞洁的高贵品质，军民结合、人枪合一的军事思想等，至今仍非常有价值！总之，这是一本值得一读的书。

受广文先生之嘱，是以为序！

2023年3月于湖北武汉

（李传锋：湖北省鹤峰县人，作家、编辑。曾任《湖北文艺》编辑部主任，《今古传奇》主编，《民族文学》编委，湖北省文联常务副主席、党组书记，湖北省政协民族宗教委主任等职。出版有《李传锋文集》，两次获得全国少数民族文学创作"骏马奖"，1992年起享受国务院政府特殊津贴。）

目 录
C O N T E N T S

第一章　秦良玉与石柱

第一节　石柱县建置沿革

石柱土家族自治县，原名石柱县，古为南宾县。位于渝东长江南岸，地处东经 107°59' 至 108°034'，北纬 29°39' 至 30°032' 之间。东靠湖北省利川市，南连彭水县，西南接丰都县，西北毗忠县，北邻万州区。县境南北长 98.3 千米，东西宽 56.2 千米，总面积 3012.51 平方千米，现县人民政府驻南宾街道。据清时《冉氏志形势》云："厅为川东南极边，势据荆地湖湘之上。旧作世传疆土，（土司）例不兴筑女墙，新归无外版图，仍未议修雉堞。然山川之险，形势之奇，控楚连黔，背江面澧；宾流绕带，抱城郭而回环；石柱擎天，倚冈峦而屹立。南为龙骨，蜿蜒至于东郊；北有凤凰，翱翔出乎西嶂。越崔嵬而临德水，舟楫生涯；登方斗而眺琼霄，琉璃仙界。前擅狮埠龙潭之胜，后多金鲤元武之奇。大小风门，扼滇池之冲要；峥嵘沙子，通鄂渚之咽喉。滟滪瞿塘，鱼腹之潺湲在水；华封万寿，清江之险阻维山。斯诚西蜀屏障之区，抑亦东隅雄秀之地也公鉴焉。"

1

石柱之地，古为《禹贡》梁州之域，西周、春秋属巴国"南极黔涪"领地。战国晚期先后属楚黔中地及秦黔中郡。秦朝统一全国后，县境以七曜山脉为界，大部分（长江南岸至七曜山西坡）属巴郡，少部分（七曜山东坡及以东）属黔中郡。汉代县地仍天体以七曜山为界，大部属临江县（今忠县）南境，少部属涪陵郡涪陵县（今彭水县）北境。三国、晋、十六国（265—347）属涪陵郡涪陵县。南北朝宋、齐（420—502）属巴郡（今重庆）临江县（今忠县），梁至北周初（502—560）属临州临江郡，武童保定初（561）属临江地分署的南都郡源阳县，建德四年（575）南都郡源阳县更名怀德郡社宁县（治在今万县武陵镇），唐武德二年（619）武宁县改属浦州高年分武宇县西界地置南宾县（今石柱县），隶临州（今忠县），乃石柱建县之始。南宋建炎三年（1129），马定虎奉诏入川，受封石柱安抚使，在南宾县水车坝（今悦崃镇古城坝）设立石柱安抚司，节制"九溪十八峒""石柱"之名始见于史册。明洪武八年（1375）正月置石柱宣抚司授马克用（马定虎后裔）宣抚使。洪武十四年（1381）撤南宾县，部分县地并入丰都县，其全县地编为三里十甲，归石柱宣抚司管辖，宣抚司始理民事，隶重庆卫。嘉靖四十二年（1563）改隶夔州卫。天启元年（1621），秦良玉勤王，平乱有功，升石柱宣抚司为石柱宣慰司。清顺治十六年（1659），石柱宣慰使马万年归附，仍授宣慰使，隶川东道夔州府。乾隆六年（1741），石柱宣慰司由夔州军民府同知兼辖。乾隆二十二年（1757）改土归流，收缴土司印信，置石柱厅，仍隶夔州府。二十六年（1761）九月二十八日升为石柱直隶厅，直隶四川省，明令"宣慰使改授土通判，不许干预民事"。民国元年（1912）三月置石柱厅知事公署，隶川东道。民国二年（1913）改石柱厅为石柱县，设石柱县知事公署。民国十九年（1930）改石柱县知事公署为石柱县政府。民国二十四年（1935）六月，石柱县改隶四川省第八区行政督察专员行政公署，民国三十七年（1948）改隶四川省第九区行政督察专员公署。1949年11月19日石柱县解放。1950年1月5日成立石柱县人民政府：隶川东涪陵专区，恢复四川省建制后，隶四川省涪陵专区。1959年8月16日，国务院批准石柱县改为石柱县。1983年11月13日，国务院批准成立石柱土家族自治县。1984年11月18日正式成立石柱土家族自治县，隶四川省涪陵地区行政公署。1988年5月8日，国务院批准将黔江、石柱、彭水、酉阳、秀山5个民族自治县从涪陵地区划出，设立四川省黔江地区，石柱土家族自治县改隶黔江地区。1997年3月14日，第八届全国人民代表大会第五次会议批准设立重庆直辖市，石柱改隶重庆市黔江地区。1998年2月20日，经国务院批准撤销黔江地区设立重庆市黔江开发区，代管石柱等5个民族自治县。2000年7月10日，国务院批准撤销黔江开发区和黔江土家族自治县，设立重庆市黔江区。原黔江开发区代管的石柱等4个民族自治县由重庆市直辖。

　　石柱位于四川盆地东部边缘褶皱带，地质构造复杂，多属东北至西南及北北东至南南西走向的华夏式构造。其自东北沿西南起为方斗山，此山自万县经县境绵延50余千米入丰都境；由北北东沿南南走向为七曜山，连绵100余千米。二山均东北联巫山，西南入乌江山地。主要地质构造有方斗山背斜、石柱向斜、七曜山背斜、老厂坪和马武坝背斜及茶店子逆断层、横梁子逆掩断层、杨七庙逆掩断层、双流坝逆掩断层、黄鹤坝正断层，县境大部分处于石柱向斜之中。出露地层最早为震旦纪灰白色块状石灰岩；古生界寒武纪、奥陶纪、志留纪、二叠纪；中生界三叠纪、侏罗纪、白垩纪及新生界第四纪更新统。故境内遍地皆山，且山势陡峻，沟谷纵横，岭坝交错，溪河密布。方斗山与七曜山大致互相并行，形成"两山夹一丘陵状盆地"的地貌特征。七曜山的最高处（大风堡）海拔1934.1米，最低海拔110余米，立体气候明显。

石柱的土壤，均因方斗山与七曜山及沿长江一带地处白垩纪紫色页岩地带，所育成的紫色土壤，色泽深重，易风化，县民习称红石骨子土；次为山岭之上带石灰性的灰棕壤，紫色土和带强酸性的黄色砂质壤及中性黄色土壤；再次为沿溪河两岸多呈石灰性的冲积土，此类土壤系县境的良田沃土。

石柱的江河，除长江从西北忠县复兴场入沿溪乡境再入黎王乡、中兴乡境经西界沱流入万县境长约2千米外，主要河流有长江水系的（龙河）南宾河、官渡河、油草河、跳脚石河、沿溪河及乌江水系的马武河、毛滩河。但均因河水湍急，不通航，仅有少量水电开发。

石柱地处巫山大娄山中部山区，纬度不高，气候温和，雨量充沛，四季分明，热量充足，春季回春早，但气温不稳定，夏无酷暑，秋有绵雨，冬少严寒，沿长江地区与石柱向斜山地气候差异较大，旱涝、绵雨等气象灾害频繁。有记载的民国二十七年至三十一年5年年平均气温16.98℃，无0℃以下之月；降雨量1000毫米上下，多集中在每年的五月至九月；霜期起于十一月，止于翌年三月；降雪一般起于十一月，止于翌年二月。

石柱虽地处偏远山区，但物产比较丰富。农产品以稻谷、苞谷为主，次为红苕、洋芋、小麦、大豆及其他杂粮；林产品以木材、桐油为主，民国三十六年产桐油31984市担（每担100市斤，下同），次为漆、桔、楂及柴薪；药材种类繁多，尤以黄连产量颇丰。唐天宝元年（742），曾上贡黄连10斤，木药子100粒。黄连的人工栽培，始于元末明初，已有600余年的历史，是川东地区主要农特产品之一，远销国内外。民国三十五年产量达25万市斤。矿产资源较为丰富，据民国三十四年四月至七月，侯德封、赵家骧等人考查，主要矿产有赤铁矿、褐铁矿、结核菱铁矿、铅银矿、铜砂、重晶石与萤石、瓷土、煤，尤以煤为丰富，方斗山背斜层煤田，仅倒流水，白马溪两处储量800余万吨，次为铅银，明清时即有土法采炼。

石柱有着悠久的历史和灿烂的文化。自唐武德二年（619）以来，虽历经改设土司、厅、县的变化，但作为县级建制已有1400余年。尚存有南宾河两岸的岩棺墓葬群、明末土司秦良玉屯兵抗清的万寿寨、久负盛名的巴盐古道、黄水国家级森林公园、川东佛教圣地银杏堂及丰富多彩的民间文艺，是世界经典民歌《太阳出来喜洋洋》的故乡。

石柱人民一向具有爱国抗暴精神和革命斗争的光荣传统。早在明末，石柱土司秦良玉亲率"白杆兵"两次援辽，屡建战功，受封太子太保忠贞侯，赐"太子太保总镇关防"印。清咸丰七年（1857）初，马禁明组织灯花教，响应白莲教起义，攻打厅城，英勇就义。

民国十二年，石家乡黎家坝冉广儒等组织"八德会"，"抗暴保家、抗捐保民"长达八年之久。民国十七年，李宽文等发展"神兵"数万人，"杀劣绅、打军阀、灭团防、抗捐税"。

石柱人民受俄国十月社会主义革命思想的影响，青年学生首先觉醒，积极投入全国反帝反封建的革命浪潮。民国八年，五四爱国运动后，新思想、新文化开始在县境传播。民国十六年，中国共产党地下组织（以下简称中共）开始在石柱活动，先后建立三根树支部、苏维埃政府和赤卫队、石柱县委、石柱特支。其间虽然遭到国民党武装的残酷镇压，但仍然保存了革命的有生力量。民国二十六年，震惊中国的七七事变爆发后，全国人民纷纷要求停止内战，一致抗日。国共两党第二次合作，建立抗日民族统一战线，全面抗战开始。在统一战线的推动下，中共石柱县委先后组织建立"民先队""儿童生活服务团""血汗周刊"、马武"爱国社"及"七七"剧社、国共合作的抗日动员会，开展了声势浩大的抗日救亡宣传活动。石柱县政府提出了"投笔从戎，抗战救国"和"一寸山河一寸血，十万青年十万军"的口号，号召全县 18 ～ 35 岁，受过教育、身体健康的青年从军救国。在"好男才当兵，好铁才打钉"和"妻子送郎上战场"的歌声中，县长邓虎章带头报名应征，是年共征召 1368 名青壮年奔赴抗日前线。抗战期间，石柱共出征青壮年 8800 余名，数百青壮年血洒沙场，为抗战胜利做出了贡献。

抗日战争胜利后，蒋介石不顾全国人民的要和平反内战的呼声，悍然发动全面内战，更加残酷地镇压人民的革命斗争。中共石柱县委在极为残酷的环境下，反"围剿"、反"清乡"，奋起反抗，配合中国人民解放军摧毁了国民党政权，迎来了石柱的解放，建立了新的人民政权。

中华人民共和国成立后，石柱人民在党和政府领导下，经济社会发展较快，城市建设日新月异，人民群众安居乐业，生活环境不断改善，幸福指数不断提高，文化生活丰富多彩，与全国人民一道过上了幸福美满的生活。

2019年4月，春光明媚，阳光灿烂。习近平总书记从北京先乘飞机到重庆，后赶动车到石柱，再坐汽车到深山里的中益乡看望土家孩子，随后又深入华溪村，走村入户，访贫问苦，指导脱贫攻坚，提出了"两不愁三保障"的扶贫工作思路，使石柱人民甩掉了贫困帽子，行进在全面建设小康的道路上。

第二节　石柱土司的历史

从南宋建炎三年（1129），汉伏波将军马援三十九代孙马定虎奉诏入川，在石柱悦崃镇水车坝（今称古城坝）设立石柱安抚司起，到1949年止，石柱土司经历了安抚司、军民府、宣抚司、宣慰司、土通判等司职的变化，前后有着800余年漫长的历史。

南宋初年，为了平息南方各路内乱，朝廷开始强军重建之路，在全国各地建置宣抚司、制置司，任命宣抚使、制置使长官，管理兵马防务并兼管民事。宣抚司、制置司有稳定的行政辖区，逐渐由军事长官演变成了辖区内军政合一的地方首脑，从而形成了四川、京湖、江淮三大军管型准政区。在这种特殊历史背景下，石柱土司应运而生。

建炎三年（1129），西南地区烽火四起，武陵山周渝鄂湘黔各民族率众起义，南宋王朝岌岌可危，无奈之下，朝廷下诏"有能拒苗不至害民者，许以其地"。南宋将领马定虎随即奉调，率马定龙、马定彪等扶风子弟兵与陈温、冉守时等文武将官起兵平乱，由夔州府（今奉节），湖北建始、利川，翻越七曜山，进驻石柱悦崃镇水车坝。以石潼关、硟蒲关二关之名，各取一字，在悦崃镇水车坝设石柱安抚司，马定虎受封石柱安抚使，节制"九溪十八峒、施州卫大田所，外驭三川西分南宾县之半，并为食邑"。陈温受封石柱安抚司同知，另立衙署于四龙溪（今石柱县临溪镇花厅坝）；冉守时受封石柱安抚司佥事，另立衙于长坝（今石柱王家乡王家坝）。

据《明史·四川土司二》《大清一统志》记载："石柱，以石潼关、硟蒲关而名。"清乾隆《蜀水经》记载，石柱安抚司"以其地有石潼、硟蒲二关也"。而《石柱厅志》《石柱厅乡土志》则称"石柱"得名于万寿山男女石柱峰。据清嘉庆《四川通志·关隘》《石柱厅志》记载："石潼关在厅西北六十里石凉伞山，旧置关，今废。"《石柱厅乡土志》记载："今厅治西南四十里石凉伞山下有石潼关，硟蒲无考。""石凉伞山城西四十里石潼关北，山顶有大圆石，面积约百七十余方尺，下有小石擎之形如伞柄，高十余尺，遥望之宛如张盖因名焉。"清顾祖禹《读史方舆纪要》（卷七十三）记载："石凉伞山，司东北百四十里。形如张盖，或谓之石潼山。"据清嘉庆《四川通志》《大清一统志》所载"石柱直隶厅图"分析，石潼关位置大约在石柱方斗山茶店至忠县洋渡一带，硟蒲关位置未见史籍记载。

石柱安抚司作为军事建制的衙署以"石潼关""硟蒲关"得

名，实质上是用"石砼关"与"砬蒲关"两关之名来命名石柱，以示其所辖"九溪十八峒"的广大区域，是石柱宣抚司的军事辖区范围。九溪是指重庆秀山的清溪、佑溪、土溪、庙溪、哨溪、溶溪，酉阳的后溪、湖南花垣的叠溪、贵州松桃的满溪；十八峒是指秀山的宋龙峒、打妖家峒、俊培峒、地隆箐峒、上济峒、南客峒、地寅峒、晚森峒、感平峒、容坪峒，酉阳的息宁峒、巴息峒、酉酬峒、治酉峒，龙山的鲁必潭峒，湖北来凤的九灵峒，贵州松桃的九江峒、云罗峒。九溪十八峒涉及渝鄂湘黔相邻广大地区。

元朝施行"流土兼治"，仍在南宾县地设立石柱军民府，先后改升为石柱军民安抚司、石柱军民宣抚司、石柱宣抚司。石柱安抚司与南宾县衙共存于石柱县境内，一政一军，各司其职。明洪武七年（1374），石柱安抚使马克用归顺明朝。明洪武八年正月庚午日（1375年2月10日，农历正月初十），置石柱宣抚司，属重庆卫，授马克用宣抚使，世袭其职。同年，马克用奉调征讨九溪十八峒，苗兵乘石柱土兵离境，联结湖北散毛峒土司突袭南宾，占据县城，杀南宾县佐，烧毁官衙。马克用闻警回师，赶走苗兵，率土兵顺势由悦崃水车坝（今古城坝）迁入南宾县城中狮子坝，建石柱宣抚司署。

明洪武十四年（1381），朝廷以"地小无益，遂省入邻邑"为由，撤南宾县，部分县地并入丰都县，编为南宾里，其余县地设洞源、溪源、石渠三里十甲，三里户口归石柱宣抚司管辖。石柱宣抚司开始管理民事，统掌行政、军事之权，正式成为以土司行政建制的一个政区，隶重庆卫。石柱宣抚司将县地编户三里十甲。

洞源里，辖一至四甲。一甲自石柱城东至黄鹤山，南至下路坝

9

场，东南至水田坝，凡近城东南五十里间。二甲东自河坝场至蚕溪场、官田坝场、湖镇，凡黄鹤山以东一百五十里间。三甲南自湖海场至三树场、合场，坝周坝场、双流坝场，凡下路坝场以南九十里间。四甲南自滥泥坝至老厂坪、马武坝场（原名麝香溪），凡双流坝场东南八十里间。

溪源里，辖五至七甲。五甲自滨河北岸大凤溪以东至大河嘴场，又东蝉腰子场，东北大歇塘场、中兴场、悦来场，凡北方百里间。六甲北自桅杆坝场、黎家坝场，东南至石家坝场、黄水坝场、双河口场，凡悦来场东北百里间。七甲北自官兴场至青龙场、临溪场，凡悦来场西北六十里间。

石渠里，辖八至十甲。八甲自滨河北岸以西至江池场、五龙场、大柏树场、沙谷嘴场，又西北至，倒流水场、洋渡镇、茶店子，凡滨河以西百里间。九甲，北自坡口场、沿溪场，逾大山坪南至鱼池坝场，凡茶店子以北七十里间。十甲北自深溪场、西界沱，东至河嘴场，凡沿溪场以东七十里间。

当时石柱土司所辖的三里十甲，即西北自西界沱，经沿溪，洋渡溪、高家镇至泥巴溪等形成一线，以长江为界，与丰都、临江（忠县）相接。北以石漕溪为界，与武宁县（今万县武陵镇）接壤。南面自担子台、经厢坝、都会村、滥泥坝至马武坝形成一线，与涪州（今涪陵）、黔州（今彭水）相邻。东面自马武坝，经子河、湖镇、双河口、临溪至河嘴形成一线，以七曜山脉为界，与施州（今湖北省恩施）接界。三里所辖，比现在的石柱县境稍大。

为便于管理，石柱宣抚司将县境内民众按姓氏户口，以方斗山、七曜山为界分为十三族，山以外有陈、汪、高、崔、罗、向六族，山以内有谭、刘、秦、何、冉、江、白七族。十三族各立寨栅，训练兵丁，平时无战事则全力务农，遇警则鸣号聚集，各寨并起，由石柱土司统一指挥，共同抗敌。从此，石柱境内关隘绝岭之处建卡门、修寨栅，寨门镇关，山寨林立，数以百计。至今尚存的著名山寨有三河万寿寨，六塘龙骨寨，临溪峒山寨，桥头仁和寨、羊角寨、铁炉寨，南宾黑猫寨，万安铧头寨，下路土堡寨，龙沙斧头寨等 36 寨。

第三节　石柱土司三大家

当我们打开卷帙浩繁的中国历史，在中国的大地上，中央历代朝廷对生活在湘西、鄂西、川东、黔东一带的巴人遗裔（今土家族人）和苗人一直实行羁縻政策，尤其由汉朝至宋朝，更为明显。但苗人和土人叛服不定，乘隙不靖，朝廷颇难统治，不得不在羁縻州县或险关重地设置宣抚司、安抚司等军事机构，配备一定军事力量进行节制。南宋时，政治中心南移，对南方的社会稳定要求更高。时值"五溪蛮"（泛指五溪之地的少数民族，五溪即湘、鄂、渝边界一带的酉溪、辰溪、巫溪、武溪、沅溪）四出扰境，朝廷鉴于伏波将军曾经征服过"五溪蛮"（蛮人对伏波将军敬之若神，立祠祭祀），遂于建炎三年（1129）钦命马援的三十九世孙马定虎入武陵山区平"五溪蛮"。马定虎英武知兵，不负朝廷所托，恩威并施，很快平定了"五溪蛮"乱，并图武陵山区地理、形势，附镇守方略上报朝廷。朝廷诏封马定虎为石柱安抚使，同征部将陈温、冉守时分别为安抚同知、安抚佥事，敕世袭，节制九溪十八峒。历史的车轮将宋灭亡后，安抚使及其部将沦为土酋，元朝统治者乃封土酋马什用（马定虎后裔）为石柱安抚使。明洪武四年（1371），马什用后裔马克用归顺大明朝廷。洪武八年（1375），朝命马克用为石柱宣抚使，仍节制九溪十八峒。洪武十四年（1381），朝廷实施土司制度，撤南宾县，部分县地划归丰都，余剩之地归石柱宣抚司，石柱成为一个政区。宣抚使始理民事，成为统掌一方军、政大权的土司官。明万历年间，马克用后裔马千乘袭任石柱宣抚使。万历二十三年（1595），忠州秦良玉嫁石柱宣抚使马千乘为妻，时年21岁。

石柱土司由马氏家族世袭安抚使、宣抚使、宣慰使，陈氏家族世袭土同知，冉氏家族世袭土金事三家土官组成。石柱土司衙署级别由安抚司升至宣抚司、宣慰司。马氏土司是石柱土司历史的主流代表，是石柱土司行政体系的主体，陈氏家族和冉氏家族同任石柱土司土同知和土金事佐官，协助马氏土司管理石柱军政，一正二佐官职的构架，形成石柱土司三大家。马氏土司的兴衰就是石柱土司历史的缩影。

一、石柱马氏土司承袭沿革

南宋至元末明初时期，据《马氏家谱》记载，石柱马氏土司自马定虎至明洪武时期马克用任宣抚使之间共有十四代土司承袭，但具体名字不详。

明洪武八年（1375），因马定虎第十五代孙马克用一救荆楚，再征散毛，由安抚使晋爵宣抚使，马氏土司治所由古城坝迁入南宾。明洪武十四年（1381），撤南宾县，划部分土地归丰都管辖，石柱土司正式行使石柱全境管辖权。明永乐七年（1409），长子马良袭职；明宣德初年，长子马应仁袭职；明宣德五年（1430），马应仁革职，长子马镇袭职；明正统初年，长子马黼袭职；明景泰年间，长子马清因病由次子马澄袭职；明成化十八年（1482），长子马徽袭宣抚使职，历任50余年；明嘉靖年间，孙马龙袭职；明万历初年，长子马素袭职；明万历十五年（1587），长子马斗斛袭职；明万历二十二年（1594），马斗斛革职，其妻覃氏袭宣抚使职；明万历二十六年（1598），长子马千乘袭职；明万历四十一年（1613），千乘瘐死云阳，其妻秦良玉袭宣抚使职；明天启元年（1621），石柱宣抚司升为宣慰司，隶夔州府，长子马祥麟任宣慰使职；明崇祯末年，长子马万年袭职，历任40余年。

清顺治十六年（1659），马万年归顺清朝，仍设石柱宣慰司，授马万年宣慰使职，仍隶夔州府。清康熙年间，长子马洪裔袭职；清雍正初年，长子马宗大袭职；清雍正末年，长子马光裕袭职，任职不到3年而卒；清乾隆初年，长子马孔昭袭职；清乾隆十七年（1752）马孔昭革职，由马光裕弟马光仁护土司事，候孔昭生子袭职；清乾隆十八年（1753），由云安厂夔州军民府同知移驻代管石柱；清乾隆二十一年（1756），马孔昭子马俊明报部俟长承袭；清乾隆二十二年（1757），马光仁革职，夔州府移驻石柱宣慰司，云安厂同知黄克显于石柱代理土司事。

清乾隆二十五年（1760），马孔昭长子马俊明殇；清乾隆二十六年（1761），清朝廷以石柱马氏土司承袭无期而"改土归流"，撤销石柱宣慰司改升为石柱直隶厅，宣慰使马孔昭改任土通判职，不理民事；同年，马孔昭卒，马俊明已殇，由马光仁子马图昭袭土通判职；清乾隆四十七年（1782），马图昭革职；清乾隆四十八年（1783），马宗大弟马宗夫之孙马佑昭袭职；清咸丰二年（1852），长子马驾袭职；清光绪十八年（1892），马保黻袭职；清光绪三十四年（1908），马保黻卒，其子尚幼，由其妻杨舜珍袭职；民国四年（1915），国民政府颁发号纸钤记；民国三十五年（1946），马正俫袭职，杨舜珍监护；民国三十八年（1949），自然停袭土通判之衔。

石柱马氏土司自从南宋建炎三年（1129）马定虎首任第一代安抚司，经元朝直至明洪武八年（1375），计246年。马氏土司在宋、元时期的承袭世系，在史料中仅记载马定虎在宋代时期首任第一代石柱土司安抚使，元代时期承袭不详。而《马氏族谱》记载从马定虎至明洪武马克用期间，有十四代石柱安抚司承袭，史料中均无记载。从明洪武八年授马克用宣抚使至明天启元年（1621）的246年间，世袭宣抚使十三代。明天启元年升宣慰使至清乾隆二十六年（1761）140年间，世袭宣慰使七代。清乾隆二十六年（1761）"改土归流"撤销宣慰司改设土通判至1949年自然停袭土通判之衔的188年间，承袭土通判六代。有史可录的石柱土司承袭土司职衔，总计二十七代，820年。

石柱马氏土司职衔为武职，承袭世系如下：马定虎—马克用—马良—马应仁—马镇—马黼—马澄—马徵—马龙—马素—马斗斛—覃氏（女，子幼母袭）—马千乘—秦良玉（女，子幼母袭）—马祥麟—马万年—马洪裔—马宗大—马光裕—马孔昭—马光仁—马图昭（初承宣慰使，后袭土通判）—马佑昭—马驾—马保黻—杨舜珍（女，子幼母袭）—马正俫。

在 820 年的承袭中，其中因子幼由其妻代袭的有覃氏、秦良玉、杨舜珍三位女性，而在二十七代土司中爵位最高、威名最大、流传最广的当属白杆兵创始人和白杆兵将领秦良玉。

二、石柱土司同知陈氏承袭沿革

南宋建炎三年，恩贡进士陈温随马定虎、冉守时进剿五溪蛮有功，封石柱安抚司同知，世袭其职，同知府治所初设在石柱临溪镇花厅坝。明初洪武元年（1368），朝廷加封陈氏子孙世袭宣抚司同知石柱奉议大夫职，与马克用共事石柱。明洪武八年（1375），陈世显卒后，同知职传袭长子陈兴潮，治所迁万安街道镇下街（竹木市场）设同知府（停袭后改报恩祠）。清顺治十六年（1659），陈氏同知随马万年归顺清朝，后停袭。陈氏同知从南宋至清初"鼎革后停袭"，总计承袭同知职衔十八代，540 年。

据石柱《陈氏族谱》载，明正德五年（1510），石柱土司同知陈表率土兵一千名征剿开县流寇；同年，同知陈表又率土兵两千名，征剿陕西西乡等地流寇；明正德六年（1511），同知陈表率土兵七百名征剿江津摇鲁菁等处流贼；明万历十六年（1588），同知陈思虞率土兵一千名征剿杨贞岩一带等番贼；明天启元年（1621），同知陈思虞率土兵九百名、弓弩手三百名，征剿辽东番寇；明天启二年（1622）三月，同知陈思虞率土兵四千人，征剿窝口一带等流贼；天启三年（1623），同知陈宽率土兵一千五百人征剿松潘流贼，随后又率土兵一千五百人征剿河南崇林流寇。获朝廷赏赐金银、匾额无数。石柱土司同知陈氏家族在石柱历史舞台上也留下了无数的精彩与辉煌。

石柱土司同知陈氏承袭世系如下：陈温—陈回应—陈高惠—陈世显—陈兴潮—陈纪—陈绍纲—陈宽—陈极广—陈表—陈菬—陈言—陈略—陈思虞—陈治安—陈治临（治安之弟）—陈治宣（治安之弟）。

同知府朝门对联和祝文陈氏家谱记录在册，对联曰："萃居三千口人间第一，盒爨四百年天下无双。"祝文如下："维吾祖，生逢盛世，力靖边陲。宠膺历朝宣抚；笃忠贞以报国。恩隆数世同知。十八代子继孙承，合修祀典；千百年瓜绵葛庇，宜展明。兹届。"停袭后，改为报恩祠，用于兴文办学。后四房陈兴崇落业小龙岗（马洛洞），后裔"一乡善士"陈善蕃于乾隆五十七年（1792）在此修建又一个陈氏宗祠感恩祠，至今遗迹犹存。

三、石柱土司金事冉氏承袭沿革

南宋建炎三年，冉守时随马定虎进剿五溪蛮有功封石柱安抚司金事，世袭其职。安抚司金事府治所，宋时在石柱长坝（后改名王家坝，今王家乡），元时治所不详，明清时在南宾镇老街冉家院子。明万历二十七年（1599），金事冉文爵妻弟马千驷（系杨应龙女婿）与胞兄马千乘争夺石柱土司位，欲借播州土司杨应龙势力，追随杨应龙造反；明万历二十八（1600）冉文爵因妻弟马千驷参与播州土司杨应龙叛乱，冉氏金事受其牵连而停袭。冉氏金事从南宋建炎三年（1129）至明万历二十八（1600），总计承袭金事职衔十七代，471年。

石柱冉氏土司承袭世系如下：冉守时—冉文燮—冉元保—冉大仕—冉久复—冉必登—冉寅东—冉兴扎—冉通—冉良彬—冉茂兰—

冉才英—冉允琛—冉翱—冉鹏—冉朝天—冉文爵。此后，冉家另辟蹊径，弃武从文，获取功名，据《石柱厅志》和冉氏家谱记载，在石柱清代的整个历史进程中，全县有科举功名者六十七人，其中冉家院子就占三十八人，占百分之五十七。这三十八人中，仅举人、贡生、进士就占二十二人，出仕为官任知县及其以上者有十三人，真可谓人文荟萃、人才辈出。俗传冉家院子顶戴多，是一点不假的。

石柱土司虽以马氏、陈氏、冉氏三大家族为主体，但在石柱境内的马氏、秦氏、陈氏、冉氏、刘氏家族却是石柱土司和土兵根基，五大家族世代联姻，宗亲血脉相连，形成了石柱土司错综复杂又不可分离的宗亲血缘与政治关系。据《明史》《石柱厅志》《补辑石柱厅新志》《马氏家谱》《秦氏族谱》等史料记载，石柱土兵历次征战，都是马氏家族的马斗斛、马斗倬、马千乘、马祥麟、马应礼、马应聘、马应乾、马应坤、马应权、马积、马周等，秦氏家族的秦良玉、秦邦屏、秦民屏、秦翼明、秦拱明、秦佐明、秦祚明、秦篆、秦永成、秦衍祚、秦永祚等，陈氏家族的陈世显、陈兴潮、陈宽、陈表、陈思虞、陈极广等，冉氏家族的冉良彬、冉选、冉绍益等，刘氏家族的刘鸾、刘有德等宗族的将领，以及冉氏、刘氏家族将领所带领的将士，都是具有血缘宗亲的族兵。

第四节　秦良玉与白杆兵

一、创建白杆兵是秦良玉忠君爱国的需要

明朝末年，朝廷腐败，阉党专权，加上天灾人祸，致天下大

乱。西南有杨应龙、奢崇明、安邦彦等土司官先后背叛，自立为王，割据一方，扩张地盘，杀官屠民；中原有王嘉胤、高迎祥、李自成、张献忠、罗汝才等揭竿而起，攻城略地，反抗朝廷；外有倭寇渡海来扰，烧杀抢掠；北有后金兵挥师南下，虎视北京，觊觎大明江山。真是内忧外患，明王朝大厦岌岌可危。秦良玉就出生在这样一个"天崩地解"的战乱年代。

秦良玉，字贞素，生于明朝万历二年（1574）正月初二申时，四川忠州鸣玉溪秦家坝（今重庆忠县东云乡护国村）人。父秦葵，岁贡生。秦良玉有兄邦屏、邦翰，姐良斯，弟民屏，共五兄妹。

他父亲秦葵是一个贡生，能文尚武，常以国家大事为怀。秦葵洞晓天下大乱将至，常教育子女曰："天下将有事矣，尔等能执干戈以卫社稷者，方称吾子也。"从小就教育儿女"天下兴亡，匹夫有责"，以家国情怀为己任，长大后要保家卫国。在父亲"执干戈以卫社稷"思想的熏陶下，秦良玉自幼以穆桂英、梁红玉等为榜样，即树立了"忠君护国、保境安民"的远大志向。秦葵从小就对秦良玉充满信心，曾对良玉说："惜不冠耳，汝兄弟皆不及也。"良玉答道："使儿掌兵柄，夫人城、娘子军不足道也。"在父亲的教育和熏陶下，秦良玉从小就有掌兵柄的远大理想和志向，用我们今天的话来说就是梦想，正是有了这个"掌兵柄"的远大目标和梦想，她才为实现梦想一步一步地去攀登、去践行。

二、创建白杆兵是秦良玉实现自己抱负的需要

秦良玉名良玉，是因秦葵居住于忠州（今重庆忠县）城西边不远处一个以秦姓为主的村镇，名秦家坝。据当地风水先生说这里是

群龙（群山）归顺之地。秦家坝是一片广阔而平坦的田园，四周峰峦环抱，远山暗绿近墨，近山明媚长翠。房屋依山而建，星罗棋布点缀其间。坝中有一条蜿蜒的小溪，溪水明澈，鱼翔浅底，终年淙淙流水，发出鸣玉般的声音。其父便给女儿取名良玉。

秦良玉聪颖过人，自幼随父、兄修文习武，究心韬略，通经史，工词翰，文武双全。为了实现"掌兵柄"的抱负，她熬更守夜，习文练武。

（一）从小苦读诗文经书

为了实现自己的目标和梦想，必须有一身过硬的本领，而过硬的本领来自勤学苦练。秦良玉通词翰，是一个才艺双全的奇女子。这其实全得益于她父亲的教诲和她自己的勤奋好学。

秦葵常以国家大事晓谕子女，并讲经史、授章句。秦良玉闺房中的柜橱，摆满了经典史册，也装满了诗词歌赋、《孙子兵法》等各类书籍。

她的父亲经常赞赏秦良玉："儿勤耕苦读，真冰冻三尺，非一日之寒也！其志可嘉啊！"

秦良玉的弟弟秦民屏曾问良玉："姐姐，你一个女流之辈，勤学苦读又有何用？"

秦良玉不服气地告诉弟弟："只许你们男子读书安邦定国，难道就不让我们女子治国平天下吗？"

秦良玉才发奋攻读，浏览群书，广闻博记，并写下了不少习作。她在家乡的荷花亭就题有这样一首诗：

溪水如带柳如烟，莺闹燕舞色更妍；

待到明年春意满，一枝红杏出墙园。

她用"一枝红杏出墙园"来表明自己出人头地的远大志向。她还常以赋诗填词来言志。比如：

红颜岂容锁深闺，功业何须让须眉；

力挽狂澜问谁是，巾帼沙场擒虏回。

在忠州还流传秦良玉参加赛诗会的故事。

相传，某年三月末暮春，忠州知府魏世雄要举办一年一度的惜春赛诗会。

秦良玉得知后，缠着父亲要求一同前去。

秦葵望了她一眼，叹息道："你才读了几年书，才识几个字，会吟诗作赋吗？"

秦良玉毫不示弱地说："我书虽读得不多，但会作诗。"

秦葵不太相信地说："算了！赛诗会都是学富五车的文人学士，你不懂音韵平仄，去作打油诗或顺口溜，岂不贻笑大方？"

秦良玉撒着娇说："不嘛！我要去，就是要去！"她拉着父亲的衣袖不放。

秦葵拿她没办法，只好点头道："好！你先作一首诗给我看看。"

秦良玉拿起笔略一沉思，便在纸上"唰唰唰"地写了一首七绝诗文给父亲。

秦葵展开诗稿一看，字迹娟秀整洁，笔锋苍劲有力。看到诗的内容，更是惊喜过望，不禁念出声来：

> 鸣玉溪水荡碧波，青女乘风入绣阁；
>
> 夜半楼中珠帘卷，芳踪难觅坠银河。

秦葵捋着胡须微笑着说："今天若不是我亲眼所见，为父也难相信。"于是，决定让秦良玉一起参加赛诗会。

赛诗会就在山清水秀、风景优美的忠州"甘宁祠"举行。

秦良玉身着朱红衫儿，腰束金丝罗带，黛眉斜飞入鬓，目如秋水照人，亭亭玉立，举止潇洒，顾盼生姿，一身英气，把众人都看呆了。

秦葵率子女到正殿拜见知府魏世雄。

魏世雄招呼秦葵父女坐下后，指着貌似天仙的秦良玉："这位小姐……"

秦葵欠身答道："禀大人，这是小女秦良玉。"

魏世雄注视着秦良玉："哦！真是艳丽惊人。既来赴诗会，一定是饱学之士。可否以《甘宁祠》为题，即席赋诗一首？"

秦良玉略一沉思，立刻挥毫，一首《咏甘宁祠》的七绝诗便跃然纸上。

> 西陵太守家临江，百骑破曹贼胆丧；
>
> 千秋烟火湖边祠，义冢犹存侠骨香。

念毕，众人欢呼雀跃，齐声赞叹："美哉！人美诗更美！"

（二）苦练武功逼父传艺

赛诗会后，秦良玉不仅用诗言志，而且还对父亲说："每次武师教功时，都只教哥哥和弟弟，女儿心里不服。"

秦良玉心想：为啥妇女不能和男儿一样，执干戈以卫社稷呢？因此，她立志习武，掌握兵权，报效国家。父亲不教她武功，她只好在闺房偷偷自学。

白天，秦良玉就在绣楼卷帘后偷看武师教兄弟的功法，一招一式地模仿学习。

晚上，秦良玉就和丫鬟一道，到鸣玉溪后面木莲洞寺庙内拜了缘禅师学习剑术。

秦良玉就这样夜以继日、风雨无阻、寒来暑往地练剑，从不缺席。秦良玉习武之心，感动了了缘禅师，禅师不仅传授她武功，还把一柄青霜剑和一本《无极剑谱》送给秦良玉。秦良玉还请师兄佟世明教她武功。后来，秦葵聘请武当和少林派的老师来教她哥哥和弟弟的武功，她也偷着学。

秦良玉在熟悉各家武功的基础上，取众家之长，加以融会贯通，使自己功夫得到了很快的提升，具有了一身好功夫。

即便如此，秦葵仍因受传统习俗的影响，只将武艺传男不传女，良玉只好设法逼父传艺。

有一天，秦葵带着邦翰、民屏回老家省亲祭祖，住了三天才乘船返回忠州城。下船时，天已傍晚，沿着鸣玉溪步行回家。翻过老虎岩，刚到凉水函时，不料有人大叫一声："过往行人，留下买路钱！"接着跳出两个豪杰，一个年约十五六岁，手提一把长剑，用黑布蒙面；另一个面如锅底，黑盔黑袍，威风凛凛，杀气腾腾。秦葵暗自一惊："这地方一向太平，哪里来的匪寇？"喝道："哪来的毛贼，今日遇着我秦葵，天叫我为民除害了！"正要拔剑拼杀，邦翰、民屏大叫："爹，你休动手，让孩儿们擒捉他们便是！"于是提剑冲将过去。那少年只用剑一挡，把他俩的剑拨在一边，压住道："你们莫来讨打，我今天单会秦老爷！"手一招，黑脸汉挥剑冲杀过来，接住二人厮杀。

秦葵气得嗷嗷大叫："小小狂徒，不知天高地厚！"那少年说："你斗赢了，我今天分文不取，你斗不赢，休怪我无理了！"说罢，挥剑当头砍来。秦葵举剑一挡，竟震得双臂发麻。那少年簌簌簌一连几剑，秦葵防不胜防。心中暗道："此人年纪虽小，却臂力过人，剑术也十分精湛，两个儿子竟不如他；可惜他落草为寇，没上正道！"一老一少，斗了一阵。秦葵虽能文善武，但一则年老，二则天晚，三则擅长弓马、兵法，不善步战，因此，汗流浃背，有点招架不住了。那少年却越战越勇，一把剑盘头盖顶，紧紧逼住秦葵。秦葵只有招架之功，没有还手之力。一失手，剑飞出一丈多远，暗叫"不好！"自以为必死无疑。

谁知那少年却收住了剑，拱手一揖："秦老爷，恕小生无礼了！"秦葵心想：这小贼赢了，居然还羞辱自己，便叫道："士可杀而不可辱，要杀便杀，何必羞辱老夫！"少年一本正经说："我一不要你的命，二不要你的钱，只要你答应我一件事！""何事快讲，无理之事，纵然头断身裂，我也决不答应！"那少年不慌不忙地说："我的事嘛，就是要你收我为徒，教我武艺，授我兵法！"秦葵一听是这个要求，想趁机拉他弃暗投明，便满口应允。"只要你改邪归正，不再干拦路打劫、为害百姓的坏事，我定收你为徒！"少年闻言，喜上眉梢，又追问一句："此话当真？""我绝无戏言！""真不反悔？""君子一言，驷马难追！"那少年丢掉宝剑，一躬到地，说："谢谢爹爹，孩儿有礼了！"秦葵莫名其妙，惊问："你是何人？"那少年反问道："难道爹爹真的认不出孩儿吗？"一把摘下头盔，卸下盔甲，撕开面纱。秦葵顿时目瞪口呆：英雄少年不是别人，正是自己的女儿秦良玉；那黑脸汉也洗去满脸黑灰，脱去黑袍，乃是长子邦屏。

秦葵恼羞成怒，气得跺脚："大胆奴才，你们兄妹竟结伙羞辱父亲！再说，钢刀无情，要是伤着了我，尔等岂不成了大逆不道之人；要是伤着了你，为父又如何……"

良玉长跪在地："爹爹息怒，不孝孩儿，学武心切，才出此下策，逼爹应允！还望爹爹一言既出，驷马难追！"

邦屏三兄弟也一齐跪下，为良玉求情："爹爹息怒、息怒，过错在我们身上！"

秦葵见良玉学武心切，志向远大，聪明过人，功底不浅；又见他们几兄妹苦苦哀求，便答应传艺收徒。从此，把自己的所有武艺和兵法，悉心传授给良玉及邦屏三兄弟。良玉呢，倍加勤奋学习，刻苦练功，博览兵书，熟记兵法。学得文韬武略，十八般武艺，样样精通；诗词歌赋，门门精湛，助她成长为创建和率领白杆兵，立功北疆、威震南方的著名女将。

（三）比武招亲寻找平台

秦良玉有梦想，又具备了文武双全、治国安邦的才能，现在，她需要寻找一个施展自己才华的平台。

秦良玉天生丽质，长得高挑端庄，仪态娴雅，胆识过人。

十六七岁时，到家提亲的媒人络绎不绝。秦葵夫妇比较开明，征求女儿的意见。良玉说："我看不起那些胸无大志、腹无点墨的纨绔子弟，也看不起一介武夫，我要找个文武全才的盖世英雄，就来个以文会友，比武招亲吧。"消息一传出，尹知州很是高兴，认为本州出了个奇女子，决定开放校场为比武之地。消息不胫而走，忠、涪、万、夔、渝、达等几州几县都有人闻讯而至。比武的人云集忠州山城，人人摩拳擦掌，个个跃跃欲试，都想赛过别人，胜过良玉，缔结美好姻缘。

比武这天，秦葵同尹知州等文武官员高坐演武厅上，邦屏三兄弟全身披挂，骑着骏马，在校场内左右联络。校场内盔甲闪烁，衣袍灿烂，旌旗飚彩，人马喧腾，众多富豪儿郎、公子少爷，穿戴得整齐华丽，骑着高头骏马，赛过武举时的盛况。四下人山人海，城乡男女老幼都来观看。三通鼓响，秦良玉身披锁子银甲，头戴大红缨银盔，骑着桃花马，手持白木杆银枪，腰悬一口宝剑，精神抖擞，双眼含威，立于场中央，一看就是超凡脱俗的奇女子！只见一位大财主的公子，骑一匹黄马，提一支方天画戟，一见秦良玉美如天仙，拍马出战。秦良玉沉着应战，只几枪，杀得他汗流浃背，心慌意乱，倒栽下马，全场喝彩声起。

不一会儿，一个青年猎人手持钢叉，身背弓箭，上场要同秦良玉比箭。良玉吩咐把箭垛摆到一百五十步远，那猎人连发十箭，箭箭中垛，全场叫好。良玉叫将箭垛移到二百步，她拉开弓，搭上箭，箭箭射中垛心。那年轻猎人却十箭九空，认输退场。

接着，一员少年将军拍马而出，也不言语，拉弓搭箭，箭箭中垛，众人欢呼，秦葵等人也满心欢喜。良玉不动声色，拍马挺枪，直取少年将军。那将军也挥枪相迎，两杆枪如蛟舞龙飞，闪电飞虹，直杀到日下西山，尹知州下令收兵，改日再战；并在知州衙门宴请秦氏父女及少年将军。秦葵问良玉："良玉，可是意中人？"良玉道："他虽武功高强，不知文韬如何？"经席间交谈，竟文墨不通，心无安邦治国之策，胸无精忠报国之志，秦葵父女心灰意冷。

就这样，比过四五年，竟无一人比得过秦良玉。父母为她操心，兄弟为她着急，她却淡淡一笑说："婚姻大事，岂能草率，没有意中人，我宁肯一辈子不出嫁！"

到了万历二十三年春（1595），桃红柳绿，繁花似锦，又到了比武招亲日子。秦良玉全身披挂，仍是往年的打扮，骑着心爱的桃花马，提上白杆长枪，进了东校场。前来比武的是石柱宣抚使马千乘，字君锡，别号肖容，生于明隆庆六年（1572）十二月二十八日。自幼英武有将略，因其父马斗斛开矿受惩被株连入狱三年，万历二十年才出狱归家承袭。年过二十三，仍未娶妻。他胯下一匹追风逐电的火焰驹，头戴凤翅金盔，身穿银鳞细甲，腰挂一口宝剑，手持一柄大刀，浓眉大眼，炯炯有神，仪表堂堂，威风凛凛。人们见了，议论纷纷，今天有场好斗！

邦屏、民屏将箭垛安放在二百四十步之外，马千乘飞马奔驰，扣上箭，拽满弓，一箭射去，正中红心。嗖嗖嗖一连十箭，箭箭中的。秦良玉拈弓搭箭，弓开如满月，箭去似流星，十箭都从靶心穿过，只有一个箭孔。这时，正好一群南归的大雁从头顶飞过，良玉道："看我射第三只大雁右眼！"随着弓声响，第三只大雁哀叫坠地。马千乘也不示弱，大叫："我射第十只大雁左眼！"话落弓响，嗖的一箭上射天空，第十只大雁倒栽下来。邦屏、邦翰拾起，良玉射的正中右眼，马千乘正中左眼，报告完毕，全场欢声动地，鼓声震天，人们都为他俩的精湛箭法叫好！

二人接着比武。良玉手持银枪，左挑右拨，如蛟龙奔海；马千乘双手挥刀，上劈下砍，似猛虎下山。真是棋逢对手，将遇良才，斗了三百回合，不分胜负。

晚宴席上，知州、秦葵问治国安邦之策，治军布阵之道，马千乘对答如流，慷慨陈词。满座无不惊叹佩服，真是少有的良将，难得的人才！

回到家中，邦屏问道："妹子，这个蛮王仪表堂堂，武艺超群，切莫误了良缘！"民屏也说："姐姐，那个蛮王太凶，你明天要设法战胜他！"

兄弟们离开后，良玉独坐绣房，托腮沉思。几年比武，这马千乘确是对手中的佼佼者，虽是土司，可有勇有谋，非同凡人。她打定主意，明日须要让他赢一着啊！

第二天，二人又披挂上马。校场内外，看热闹的人比昨天更多。一个有心取胜，一个无意斗赢，战了半天，良玉卖个破绽故作失手，长枪被打落在地。她翻身下马，一拱手："将军神勇，妾家认输了。"

全场欢声雷动，鼓角喧天，山鸣谷应。在封建社会，一个儒家闺秀敢于冲破几千年的陈规陋习，打破世俗偏见，放弃达官贵人的爱恋，远嫁当时相当落后、相当闭塞的少数民族地区，非常人能够做到。但人们有所不知的是，秦良玉是在寻找实现自己梦想，施展自己才华的平台。

（四）发展生产富裕百姓

万历二十三年（1595 年 6 月 24 日），天作良缘，21 岁的秦良玉嫁石柱宣抚使马千乘为妻，郎才女貌，夫唱妇随，伉俪情深。

秦良玉来到施展自己才华的石柱后，在千乘陪同下，踏遍石柱的山山岭岭，察看了石柱三十六峒寨。她看到地处偏僻的土家族山区，人口稀少，土地荒芜，刀耕火种，收成很低。她想到：民以食为天，村民无粮，怎能度日？这么多荒芜的土地，完全可以开垦荒地，多种粮食，富裕百姓！有了这个想法后，她走村串寨，同百姓交谈，鼓励他们务农，开垦荒地，种植粮食，精耕细作，不再刀耕火种。同时，自家出钱派人到忠州买种子，供给他们播种，秋收后二八分成。这样，百姓们安心务农了，收成一年比一年好，百姓家中有了余粮，石柱土司官仓的存粮也越来越多。

有一年，秦良玉对大家说："今年天将大旱，要救灾度荒，就种苞谷吧！"

于是，拿出家中钱来，派人到忠州、丰都、涪陵等州县，买回苞谷种子，分给广大百姓，种在开垦的土地上。村民们高高兴兴地领种而去。深挖地，细下种，多施肥，勤锄草，苞谷长得很好。夏秋时节，果然久旱无雨，溪河断流，田土龟裂，禾苗枯焦，水稻几乎无收，只有苞谷躲过了伏旱秋干，获得丰收。秦良玉藏富于民，只提取一成，九成归村民，村民们一个个感激不尽。良玉将提成的苞谷，运到忠、丰、涪等州县出售，赚得几千两银子。

第二年，村民们又自发来要苞谷种子。良玉说："今年雨水多，有涝灾。高山种水稻、苞谷，低山应该多种高粱。"同时将种子分给村民们。春夏之际，果然阴雨连绵，冲毁稻田，淹坏庄稼，山下水稻、苞谷扬不到花，收成极低，只有高粱获得丰收。而高山水稻、苞谷仍然丰收，秦良玉仍只提取一成，共有几万斤，卖了数千两银子，石柱土司更加富裕。

众村民都敬佩秦良玉预知旱涝，料事如神。马千乘也问她怎能知晓天文地理，良玉笑着回答："《前汉书》上说：巢居知风，穴居知雨，蚂蚁就是我的师傅。旱年蚂蚁巢穴在低洼处，才凉爽湿润，涝年必到高处掘穴，我从中判断旱涝，百无一失！"马千乘如梦方醒，衷心佩服她读书认真，得其精髓，学以致用。不仅如此，秦良玉还自制了一种预测天旱天涝的"仪器"，她用木杆做成天平，天平一边装石头，一边装木炭，天平向木炭方倾斜，说明空气潮湿，天要下雨；如果天平向石头方倾斜，说明空气干燥，天气会晴。石柱在土司夫人秦良玉的精心管理下，老百姓富裕，土司府殷实。

三、创建白杆兵是秦良玉保境安民的需要

石柱在秦良玉与马千乘夫妇共同经营下年年丰收，人民安居乐业，丰衣足食。而邻近丰都、忠县、涪陵、万州等州县，因天灾人祸，民不聊生，盗贼横行。秦良玉看在眼里，急在心上。终于有一天，秦良玉对千乘说："今天下多故，石柱界楚黔之交，不可不练兵，为保境之计，且男儿当立功万里。""我们周边州县受灾严重，盗贼、灾民都盯着我们，富贵是强盗的财源，盗贼肯定会偷偷打我们的主意。如不训练兵卒，如果强盗来扰，几个土兵，岂能自保？况且报国安民必须练兵屯粮，不然，哪有力量保境安民，报效国家？"一席话如雷贯耳，说到马千乘心坎上。马千乘也非常

着急，问道："那我们怎么办呢？"良玉胸有成竹地说："我们在三十六寨，挑选青壮男女，十人一伍，百人一队，编成军队，寨寨联防，农忙务农，农闲练武。制造刀枪剑弩，随时备战，以对付强寇。"马千乘听了转忧为喜："夫人说得有理，事不宜迟，明天就办！"

第二天，她同马千乘将百姓组织起来，在方圆三百里内，设立三十六座小营寨，每寨有寨长、百户、兵卒，寨外掘有壕堑，壕中布满铁蒺藜，上面安上机关，防守得如铜墙铁壁。秦良玉治军严谨，令行禁止。为了加强训练，将她哥哥秦邦屏、秦邦翰，弟弟秦民屏叫到石柱任武功教练，协同训练队伍。她亲自设计，在原世传马家枪二十四势的基础上改进、升级，派人到铁匠铺锻打铁矛、铁环，在山上选择杂木，制造出前矛带钩、中木后环，适合山地作战的白杆钩镰枪。

就这样，农忙耕种，农闲练武，寒来暑往，没多久，练就了一支亦农亦武，能征善战，远近闻名的白杆兵。经过几年的练兵屯粮，石柱拥有男兵数千、女卒千余、战马上万，聚存粮食百万担，铳炮弩矢、刀兵旗衣盔甲等项足够白杆兵十年之用。

白杆兵的建立，不但强盗不敢来扰，相反，由于石柱群众安居乐业，社会稳定安全，周边县来石柱避难人数达十万之众，人们过着安宁祥和的生活。

四、创建白杆兵是秦良玉实现梦想的需要

俗话说：一个篱笆三个桩，一个好汉三个帮。秦良玉为了实现从小立下的"执干戈以卫社稷""掌兵柄"的远大理想和愿望，洞

悉了国家大势、发展趋势、南北形势、周边局势后，她深深知道，在乱世之秋，光凭拳脚棍棒、单枪匹马只会一事无成。没有一支强大的军队是无法驰骋沙场，报效国家，实现梦想。因此，创建一支亦兵亦农的队伍，不仅仅可保境安民，守城护所，从长计议，更是为了国家长治久安，人民安居乐业；所以，创建白杆兵，是践行诺言、实现梦想的需要。这在后来的三次平叛、三次勤王、三次保境安宁中都得到了验证。

第二章 白杆兵的创建条件

要创建自己的军队，仅靠想象是不够的，必须要具备一定的实力和条件，具备共同的思想基础、丰厚的物质条件、稳定的兵源、还要有骨干做支撑。可以说，秦良玉在此时创建白杆兵，已经得天时、地利、人和，也可以说是顺理成章，水到渠成。

第一节 共同的思想基础

秦良玉从小生活在忠州，受春秋战国时期"宁愿割头，不愿割地"的忠贞之人巴曼子和三国时期不跪不降忠义之士严颜的影响，在父亲的"执干戈以卫社稷"的思想熏陶下，儿时就树立了"使儿掌兵柄，夫人城、娘子军不足道也"的远大志向。而今，内忧外患，天干地涝，社会极不稳定，外加石柱处于楚黔之交，若不建立强大的武装，安内攘外，石柱土司的地位难以巩固，土民的生命财产得不到安全保障，夫妻共同经营的石柱这块小天地也不得安宁和太平。为了报效国家，为了石柱的安宁，秦良玉向丈夫提出建立和扩大武装的建议，立即得到土司马千乘的肯定和族戚们的支持，也得到大家的一致拥护。这是因为他们有共同的思想、共同的目标、共同的追求。

第二节　殷实的经济基础

一、发展农业生产

秦良玉从万历二十三年（1595）嫁到石柱后，先是着力于发展生产，富裕百姓。从开荒屯田入手，到引进种子、引进先进生产方式，用先进的理念指导农业生产，减免税赋，使石柱年年丰收，粮棉库存充足，民富司强。

二、兴修水利

秦良玉看到南宾县城经常被龙河水从棉花坝破堤而入，淹没县城，便疏浚了玉带河，治理了水害；同时，动员三十六寨挖塘筑堰，引水灌溉，使田土旱涝保收，稳定了土家族人民的生活。

三、开办矿业

据1994年版《石柱县志》记载：石柱土司从明正统间（1436—1449）开采银、铅等矿并已具规模。石柱土司地区群山众垫，蕴藏着较为丰富的矿产资源。"石柱的矿藏资源，已探知有煤、天然气、铜、铅、锌、银、镉、铝土矿金、硫铁矿、磷、含钾岩石、石灰岩、石英砂岩、大理石等二十多种。"另据《石柱厅志·物产志》记载："其产自山峒者，民间用铁大山坪旧有数十厂，今以近厂木尽，次团铜，铅用以供铸。"《补辑石柱厅志·物产志》"金石之属"条亦载有"铜、白铅黑铅铁煤"等。

在土司时期,石柱土司及其百姓便已开始利用境内的矿产资源,由马斗斛与马千乘等石柱土司因开矿而被革职查办可见一斑。《马氏家乘·马斗斛传》记载:"斛任事六年。以开矿事亏帑银五百金,部议革职,贬口外。遗子千乘,甫十龄。"狱司以其父亏项未及弥补留系府狱,同书《马千乘传》亦云:"万历初,以父矿项未楚,系狱中。"《石柱厅志·承袭志》和《补辑石柱厅志·土司志》均载石柱土司马千乘"以开矿事忤内监邱乘云,乘云构之,逮下云阳狱"。土司地区的银、铅、铁等矿产开发历史较为悠久。现遗存于石柱县三星乡五斗村和龙潭乡的几处铅锌矿遗址,述说着当年开矿的兴盛,沉淀着那段难忘的岁月。石柱马斗斛、马千乘两任土司都是因为开矿而受贬,甚至带来牢狱之灾,但从经济上支撑了石柱土司政权,富裕了百姓,也为建立白杆兵提供了经济支撑。

秦良玉开办铅锌矿(银矿)遗址

四、开办加工业

马千乘、秦良玉主政石柱期间，在农村大力发展棉花和桑树种植，为纺纱织布织绸提供了大量原材料。石柱土司地区种植棉花的历史悠久，各族人民也利用种植的棉花发展手工纺织业。《石柱厅志·物产志》云："故牟麦、梁，商皆仅见山地，间种棉，最多者苞谷。"同书《补阙》记载："厅旧有白花，无红花。劝谕种植，民愚弗信。丁酉（1777）冬间有种者，次年花开出售，每百斛得值万八千文。花商贩渝，获息加倍有半，佥谓石花。赤色陆离，章施衣冠可甲川也。厅民惊喜，种植乃多。"王萦绪是石柱土司改土归流以来清代同知石柱最久的外籍官员，其所撰《石柱厅志》不仅指出了石柱土司地区各族人民利用自种棉花发展手工纺织的事实，而且揭示了清朝前石柱土司地区棉花种植的发展情况，对研究石柱农业发展史具有重要意义。后来《补辑石柱厅志·风俗志》亦称其地百姓在"山地艺菽、麦，亦艺棉花"，并引李氏新志云"女事绩纺，上昼上夜；工执技艺，亦精亦勤"，再次表明石柱土司地区的手工纺织业具有较早的历史。对于石柱土司地区的家庭纺织，《石柱乡土志》较为详细地说明了石柱土司地区棉花种植的相关情况："弱茎如蔓，高二三尺，春末种坡田中。叶三尖，若枫形，绿若牡丹；入秋开花，秋葵色，亦有红紫者；结实如枣，老熟则裂，吐绒若鹅毛，籽可榨油；花弹后轻软雪白，奇煖甲全川。"又云："旧志云厅地产棉花，织为布，色不甚白而坚牢耐久，谓之家织布。"

自种的棉花从事家庭纺织生产，故《天下郡国利病书》亦云："石柱邑梅人织斑布为衣。"土司时期的石柱家庭手工纺织业不仅满足了各族人民的自身需要，还有力地支持了石柱土司的军事征调。《明史·秦良玉传》记载兵部尚书张鹤鸣曾奏称秦氏天启元年（1621）率兵援辽，"制冬衣一千五百"，远赴边关安抚残卒。据《石柱县志·农业志》记载："明代石柱就有山丝出口。"现在北京遗存的四川营棉花胡同、石柱县南宾街道的棉花坝、线子市等地名都是当年石柱加工棉花的见证和缩影。

此外，当时石柱的建筑、铁器、木器、竹器、食品等加工都是很有名的。

以上是石柱经济发展的几个主要方面，在周边区县中，石柱经济基础和发展都是最好的，为创建白杆兵提供了经济支撑和物资保障。

第三节 充足的兵源

一、落业石柱的官兵融入土家族

由宋至清，石柱地区战乱频繁，来石柱驻防、参战的部分官兵在此落业，融入土家族。《马氏族谱》记载："南宋建炎三年马定虎平五溪蛮，授石柱安抚使，始在南宾县水车坝置安抚司，后代子孙散居县内各地。"《陈氏族谱》载："陈温与马定虎同行进剿五溪蛮授石柱安抚司同知，落业石柱溪源里（今临溪镇）花厅坝，后代子孙十八房散居石柱县城、天河嘴、马洛洞、下路坝、冷水口（坡口）、卷店、洋渡溪等地。"《冉氏族谱》记："冉守时授石柱安抚司佥事，落业石柱王家坝天中岭，后代子孙散居在黑天池、深沟子大塘小塘、大尖山小尖山、龙骨山、官庄口等地。"《刘氏族谱》记："洪武四年，石柱土著人联散毛土司叛乱，赶走官吏，占县城，马克用不能敌，求助湖广腊惹洞宣抚刘友德率兵共镇苗蛮后，部分子弟分散落业石柱各地。"《向氏族谱》记："明末向时梅、向时桂兄弟，随秦良玉讨奢崇明、御罗汝才有功，辞官解甲，分别落业溪源里七甲官渡河和野鹤溪（今桥头乡），繁衍生息。"以上落业石柱的人员成为石柱白杆兵的兵源。

二、元末明初避难流落到石柱的流民融入土家族

元末明初，陈友谅、徐寿辉互争族长，战祸连绵，有秦、谭、崔、向、余、邓、杨、郭、廖、牟等姓氏避战乱，辗转来到石柱定居落业。据《谭氏族谱》载：元末明初，天下大乱，洪武二年（1369）二月二日，父兄子侄七人避乱，从麻城孝感珍珠码头出发到芦苇江边分手，临别时血书诗一首："本是元朝宰相家，洪兵赶散入西涯。芦苇岸上同分手，凤凰桥头插柳芽。咬破指头滴血泪，睁开眼泪滴恒沙。否泰天在皆由命，忆乡悲我又思他。几个离开川东去，一梦由人海抛沙。子自更改两三姓，一家改着百千家。如若记得诗一首，千年万年是一家。"一支由忠县大梨树来石，落业鱼池坝，梅子山、大歇堂中坝，龙庄溪、大雪溪等地。另一支由楚入石，落业在石渠里深溪、鲤鱼冲（今黎场乡）等地。谭氏子孙繁衍，到民国时已有谭氏宗支祠堂十七所。《向氏族谱》载："大明平定西川，逐陈填楚，逐楚填蜀。"洪武二年（1369），始祖向玉、向王晋二人由麻城来石，落业悦来乡蜜酿坝猫槽沟，有子分别落业于五龙溪、漕永溪、米仑溪、沿溪、野鹤溪、细沙溪渡仙桥玉坪等地。《邓氏族谱》载："洪武二年始祖邓应顺，自湖广麻城孝感乡高家堰入蜀，落业石柱高庙子。"清康熙五十四年（1715）《秦氏族谱》记："秦成祖于洪

武二年（1369）携家自楚入川，始落业忠州石宝寨石板湾中台，所生七子，有二人分别落业在石柱大凤溪和清明山。"《郭氏族谱》记："于洪武初湖广填四川时，到石柱土好坪高台坝落业。"《廖氏族谱》记："于洪武入川到石柱黄鹤坝、寨家坝落业。"这些望族不但迁来石柱融于土家族，更是白杆兵的重要兵源。

三、明末清初避难来石柱定居的流民融入土家族

据《忠州直隶州志》载："崇祯十七年（1644），张献忠由夔门上，五月达忠州，屠戮全川，忠（县）丰（都）等人民襁负来石柱避乱者，踵相接，十数万人。"部分避难者在石柱定居下来。有关族谱记载：明末清初由湖广、忠（县）万（州）、丰（都）等地来石柱定居的有黎、杨、季、何、陆、谢、包等姓氏。《黎氏族谱》载："清初避难后，康熙年间，黎洪让携家眷由万县三正里迁入石柱万福场小耶寨落业。"《李氏族谱》记："明末避乱，由湖广元州芷江县辗转迁入石柱洞源里四甲马武坝落业。"《何氏族谱》记："清初避乱，由江西移居石柱司。"《陆氏族谱》记："清初由施一南府朗溪移石柱司大坪落业。"《谢氏族谱》记："明末谢氏始祖谢大泰由湖北烟堡峒迁至石柱黎家坝落业。"《包氏族谱》载："祖居湖广长州泸溪县，顺治七年（1650）辗转迁居石柱洞源里四甲马武坝。"由于石柱地安物阜，外族迁入石柱者较众，这也是白杆兵兵源出处。

四、石柱土司是公推的土司长

据《马氏族谱》记载，忠路、酉阳、唐崖、沙溪、龙阳等土

司，公推石柱土司为首，由几个土司府的土兵做白杆兵后援。当时石柱的人口虽然不是很多，但基本上是全民皆兵，农闲练武，农忙耕种，人们丰衣足食，在周边土司中威望很高。忠路、酉阳、唐崖、沙溪、龙阳土司公推石柱土司为司长，战时可调取他们的兵源。本地白杆兵兵源一是当地年轻力壮的土民；二是外地逃荒到石柱的移民；三是出家的僧人。石柱在明末就有"内有石峰三教，外有南城东林"的说法，意思是指石柱县的石峰寺、三教寺、南城寺、忠县东林寺四大庙宇的和尚都是僧兵，他们"战时入营，闲时归寺"，是秦良玉白杆兵的精锐部队，在历次战斗中均获头功。

总之，石柱白杆兵除本地土民外，外地移居和周边土司土兵占据了很大比重。

第四节　骨干做支撑

在整个白杆兵队伍中，带兵打仗的头领大都是秦良玉的亲戚，秦良玉的哥哥秦邦屏、秦邦翰，弟弟秦民屏，儿子马祥麟，还有秦良玉侄儿秦翼明、秦拱明、秦佐明、秦祚明四人，以及马家的骨干都是将领，有的甚至当上了总兵、副总兵，这对领好头、带好队起到了关键性的作用；同时，亲兵营（绣铠营）、罗汉营、哨探营等都发挥了整体的支撑作用。据不完全统计，仅秦良玉家族在战场英勇杀敌，战死沙场的直系亲属就有秦邦屏、秦邦翰、秦民屏、秦翼明、秦拱明、秦佐明、秦祚明、马祥麟（儿子）、张凤仪（儿媳）等10多人，真是巾帼挂帅，满门忠烈。

第三章　白杆兵的特点、训练

第一节　石柱土兵

在明朝时期，石柱土司地方武装部队叫土兵，在土兵建制、土兵员额、土兵装备、土兵职责、土兵奖惩、军械军备、物资补给、战略战术等方面，形成了一整套系统的、完整的土司兵制。石柱土司治军有方，善待土兵，石柱土兵忠君爱国，勇猛顽强，驭下严峻，戎伍肃然，为远近所惮，特别是在明后期，石柱土司部队创造了一次抗倭、两次征蛮、三次征贼和三次勤王的征战历史。

石柱土司的土兵建制，宋元时期采用峒寨制，明清时期为营里甲制。

在宋元时期，石柱土司部队编制采取峒寨制，即以峒寨为基层行政管理和军事编制单位。据《马氏家谱·始祖克用公传》载：石柱"元末……全境内户口为十三族，大山外有陈、汪、高、崔、罗、向六族，山以内有谭、刘、秦、何、冉、江、白七族。土司无城郭而有峒寨，令十三族皆得各立寨栅，具徒卒，无事尽力农事，有警则各寨并起，以听指挥。"

石柱境内峰峦叠嶂、高崖深谷、沟壑纵横，各姓宗族"所居必择高岭""依山而寨，择险而居"，共建有双庆黑猫寨、上石寨、下石寨、华丰黄龙寨、大寨、铧头寨，大歇王宿寨、下路白岩寨、枇杷寨、大寨、天泉土堡寨，三汇龙骨寨，三店豹子寨，蚕溪万寿寨，龙沙黑虎寨、李家寨、斧头寨、土堡寨，大沙马桑寨，永和刘家营寨，桥头铁炉寨、羊角寨（元代称手起寨）、仁和寨（大寨坎）、沙子关寨、六塘象鼻寨、鱼池金岗寨、万家寨、童家寨，临溪峒山寨、狮子寨、寨湾、寨子坪，王家寨，石家洞岩寨，中益蛮王寨、黄鹤明寨子三十六寨。这些峒寨易守难攻，寨外附近有田可耕，有仓屯粮，有水可汲。寨内寨门套寨墙，大寨套小寨，地势平坦，最大可容万余人。

营，是石柱土司地方正规部队的编制，营也是土兵兵种的划分。石柱土兵营的设置，分前、后、中、左、右五营，在五营中，以中营为首，常由土司应袭的长子统率，其他四营则由境内大姓望族或土司宗亲、亲属、心腹担任首领，如石柱陈氏同知、冉氏金事，秦氏家族、刘姓宗族均在石柱土司军队担任要职。

营下设里甲，以一百户为一里，一里分为十甲；里设乡约、里长，甲设甲长。甲长均由土酋担任，管理日常行政事务和组织军事活动。甲下设峒寨，峒寨则由大姓族长担任舍把（或称兵目），负责日常管理。明朝时期，石柱编三里十甲，洞源里辖一至四甲；溪源里辖五至七甲；石渠里辖八至十甲。石柱土司将境内壮男、壮丁，按里甲制的行政区域纳入土兵建制，里甲民众，平时散处为农，战时集结为兵，形成了全民皆兵的地方民团武装组织。

此外，石柱土兵营还有前锋营、内前营、内左营、内右营、内后营、内中营、亲将营、标营、客星营等建制。

第二节 石柱白杆兵

秦良玉嫁到石柱后，审视国内大势和石柱司情，认为石柱土兵不论是建制、布局、纪律、武器、枪法、战斗力虽然很强，但也有很大局限，不能担负保境安民、精忠报国的重任，必须将土兵部队建制、编制、兵器进行改造和优化，才能成为一支合成的、专业的、具有特种部队性质的白杆兵队伍。

在建制上，设立五个营：女兵营（绣铠营）、罗汉营（僧兵）、火器营、哨探营、弓弩营（马步兵营）。

女兵营是秦良玉的亲兵营，也叫绣铠营。营中将士均是女扮男装，负责石柱土司秦良玉保卫、后勤补给、救治伤员及勤务等军务，闲时纺纱织布，战时冲锋陷阵。在明崇祯三年（1630）秦良玉解救京畿之危时，就屯兵北京城外今北京西城区虎坊桥棉花胡同，号称四川营，今北京西城区的四川会馆就是当年秦良玉北上勤王的帅府，棉花胡同也是女兵营纺纱织布的营地，秦良玉的亲兵营成了我国历史上最早创建的女子部队。

罗汉营（僧兵营），由石柱县城东三教寺住持大师兄智先、忠州东林寺住持二师兄智发、蚕溪万寿山下的石峰寺住持三师兄智睿、西界沱南城寺住持四师兄智启所带的僧兵组建，共五百人。僧兵无牵无挂，无欲无求，战不惧死，勇猛顽强，是石柱白杆兵的精锐部队。

火器营，主要装备有火铳、火炮、地雷、火球等火器。火铳有三眼铳、鸟铳，火枪有"一窝蜂"多管火枪，火炮有大将军炮、红夷大炮和自制的青枫炮，另有"万人敌"燃烧弹等。秦良玉在北上援辽时，就用火器迎击后金骑兵，镇守榆关（山海关）时，也曾上书朝廷工部拨给火炮。在石柱万寿寨前、内、后寨门，桥头仁和寨、大寨东关寨门旁均修筑炮台，供火炮使用。石柱白杆兵在抵御外敌的战斗中也有使用地雷、火箭、火球的记载。

哨探营，主要负责刺探敌情，也是石柱白杆兵的特种部队。哨探营的士兵身怀绝技、机智勇敢，是石柱白杆兵侦察部队，同时也是偷袭扰敌、冲锋陷阵的先头部队。

弓弩营，又叫马步兵营，马步兵营是白杆兵主力，半马半步。秦良玉在上疏皇帝奏章中称："然后请皇上配臣战车，给臣火器，半兵半马，奇正相兼，惟经臣指纵。"由此证实当时白杆兵是一半步兵，一半骑兵。土家族的先民是渔猎为主的民族，擅长骑马，以弓弩狩猎。在清代吴炽昌所著《客窗闲话续集·秦良玉遗事》中有"良玉察其情切，乃出视事。先点千人，各予连弩一张，一发十矢，命其兄统领，射退乌合之师"，完整地记载了秦良玉率石柱白杆兵弓弩营御敌战况。土家族人崇力尚勇，土家男子在少年时即开始练力气、练刀枪。成年男丁均要按土司规定，农忙时耕种庄稼，农闲时以峒、寨为单位，进行军事训练，有时还要以里、甲为单位进行军事技能比赛。奉调出征时，土司召集各峒、寨把目，峒寨把目召唤兵丁前往指定地点集结待令。

石柱土司白杆兵编制常年总人数在一万两千人左右。在秦良玉鼎盛时期，最多达五万余人。石柱白杆兵奉调出征时，一般在三千至九千人。石柱宣慰使、同知、佥事均有各自的白杆兵，都曾亲自带兵出征。

石柱白杆兵的实战阵法以24甲为一阵，每甲以25人为队，依次排列为1、3、5、7、9人，共计5排，由第1排领阵，形成三角锥状阵形。24甲又按三角形锥状排列成整体。实战时，第1排人倒下，后排依次补上，保持三角阵形不散不变。哨长、协哨、营总等土司长官均列于阵后督阵，违者与退缩者皆斩，故所战必捷，人莫敢撄。

石柱白杆兵的三角阵法是对付骑兵，攻守兼备的最有效的阵法。它以一个甲为单位的基本阵形，甲即一个作战单位，在实战中，数甲可组合成大阵，可根据地形、敌情，由数十个三角小阵，随意组合变换成方阵形、一字阵形、凹字阵形、回字阵形等多种阵法。

石柱土司的白杆兵在军事装备上以白杆钩镰枪、刀、剑、弓箭、盾牌等冷兵器为主，配有少量的火铳、青枫炮等火器。在军事技能上，善于盾矛、骑射、搏击、攀爬、水战、舟楫、火铳等技能，具有强大的战斗力。

石柱土司秦良玉为其丈夫马千乘训练了一支持白杆钩链枪、善于山地作战的特殊兵种，史称"白杆兵"，创造了一种矛可刺，钩可砍可拉，环可锤可击，并可连环成索的二十八势白杆钩镰枪法，非常适合于山地战。

第三节　白杆兵的特点

一、白杆兵的含义

在我国古代冷兵器时期，有好几种著名枪法，比如岳家枪、杨家枪、戚家枪、马家枪，其各有所长。石柱从马定虎任石柱安抚司使以来，二十四势马家枪代代相传，在实战中效果明显。但独具慧眼的秦良玉认为为适应山地作战，还必须进行改良。因此，她将马家枪二十四势增加到二十八势，虽然只增加四式，但增加的功能不少。

1. 白杆枪。白杆枪又名白杆钩镰枪，是石柱土兵特有的一种冷兵器时代的武器。石柱土兵因白杆枪而被世人称为白杆兵。白杆枪是一种冷兵器，其由金属和木杆组成。矛、钩、环用钢铁经铁匠师傅锻打而成，前端矛钩一体，后端锤环一体；木杆则是派人在深山老林中寻找坚硬的白蜡木（六股荆），再由师傅装制成枪。由于木杆坚硬，桐油、生漆难以浸润，没有任何颜色装饰，枪杆呈白色，故名白杆枪。该枪前端是矛，矛后有钩，钩后是红缨，再用白蜡木树干相接，尾部安有锤和环。根据人的高矮，量身定制，通常长度是两米左右。

2. 白杆枪的功能。白杆枪是秦良玉根据马千乘家传马家枪进行优化、改造而来的方便、实用的一种冷兵器，它是石柱白杆兵特殊的武器，在马家枪只有刺、拦、捅的基础上，增加了刺、钩、挑、捶、挡、拦、连等功能，由于功能的增加和完善，使白杆钩镰枪既适合山地作战，也适合平原作战；既适合步兵作战，也适合马上作战；既适合远征作战，也适合近地作战；既适合山林作战，也适合攻城略池。

3. 白杆枪的特点。（1）与骑兵作战，可以先用钩钩马脚，使马失蹄而倒，再用矛刺敌兵，动作连贯，程序简单，一次完成，故此清兵最惧怕石柱的白杆兵，白杆兵亦因此而天下扬名。（2）与

石柱白杆兵在万寿山上

步兵作战，可以发挥刺、拉、捶、挡、钩等功能，特别是勾住敌人衣服，将其摔倒，然后出奇制胜。按照设定的阵法，出其不意，攻其不备，让敌防不胜防。（3）若是山地作战，特别是攻城夺隘，白杆枪的特点更能显现，钩连环、环连钩，可以攀越城墙、悬崖，出其不意打击敌人。万历二十七年（1599）攻克杨应龙天险金筑七寨和老巢海龙囤，石柱白杆兵在被明军24万大军围困，久攻不下之时，从悬崖断壁的后寨用白杆枪连成枪梯，用白虎掏心的战术直捣杨应龙老巢，使得杨应龙及两个爱妾穷途末路，自缢而亡，夺得平叛大捷。

二、白杆兵的人员特点

1. 土司家族是白杆兵的中坚力量。自从秦良玉嫁到石柱后，就一心想组建一支自己的队伍，一是保境安民，二是为了国家安全备征。在丈夫马千乘的支持下，组建了白杆兵。为了将白杆兵训练成攻必克、战必胜的劲旅，不惜把忠州的哥哥、弟弟全部请到石柱，帮助她训练、带领白杆兵队伍。援朝抗倭、浑河血战、播州平叛、成渝平奢、北上勤王、镇守榆关等重大战役，无不是兄弟、侄儿率领白杆兵一马当先，勇往直前，克敌制胜，战功累累。秦良玉培养和起用的一批土司亲信和将领，不仅保障了白杆兵的战斗力，而且为朝廷输送了一批将才，如秦良玉官至左都督、汉土总兵官；再如秦拱明、秦翼明官至总兵；秦民屏、马千俊官至副总兵；秦良玉姐姐姐夫秦良斯及马周、秦良玉侄儿秦佐明、秦祚明及周世儒、马斗先、张凤仪等官至参将；秦良玉儿子马祥麟官至指挥使、宣慰使、骠骑将军；秦瑞明官至本卫指挥签事；陈思虞官至奉议大夫、世袭同知等。这些土司将领屡立战功，被朝廷委以重任，成为明朝正规军队的重要将领。

2. 土家族是白杆兵的基本兵源。据清乾隆三十八年石柱直隶厅同知王萦绪所著《石柱厅志》载："土司例无城郭，只设峒寨。"为防守石柱，早在明洪武十四年（1381），石柱土司马克用便令所管辖的大山外陈、汪、高、崔、罗、向六族、大山内谭、秦、刘、何、冉、江、白七族共十三族各立寨栅于要道险隘或孤峰绝岭。一时高峰绝岭，寨栅星罗棋布，彼此以吹牛角号相联系，互为犄角相援。农闲时，男丁壮妇到寨内练兵习武，贮备粮草。闻警，则男女老幼奔入寨内据险御敌。寨在绝险处，一夫当关，万夫莫开。寨内常备擂木滚石、毒箭火弩等武器及粮草。据《秦良玉史料辑成》显示，明末清初时期，石柱境内有万寿寨（今三河镇境万寿山上）、龙骨寨（今六塘乡境）、盘龙寨（今三河镇境）、

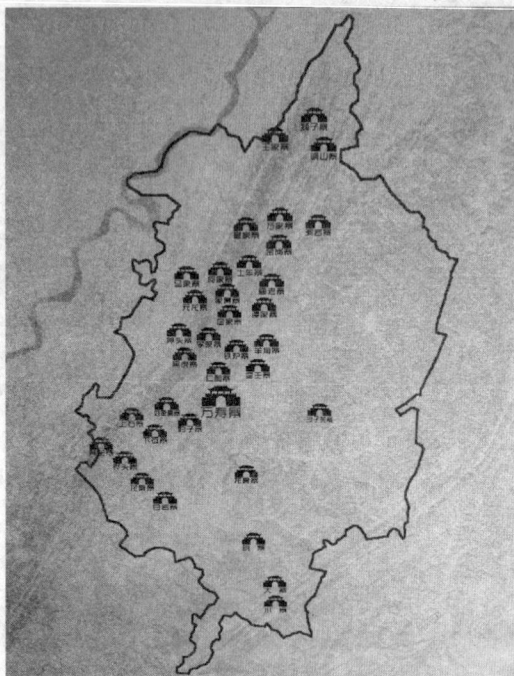

三十六寨地形图

洞山寨（今临溪镇境）、胡家寨（今王家乡境）、大寨子（今悦崃镇古城坝北境）、蛮王寨（今桥头镇境）、狮子寨（今临溪镇境）、金刚寨（今鱼池镇水田村金刚组境，又名"铁门坎"）、枇杷寨（今下路镇境）等大寨数十座，有尖峰寨（今鱼池镇水田村梨子组境）、马鹿寨（今桥头镇境）、黑虎寨（今龙沙镇长坪村境）、豹子寨（今三星乡境）、铧头寨（今南宾镇境）等小寨百余座。部分寨栅至今尚存断墙残垣，有些寨门、寨墙还保存完好。这种防御方式，占险峻，得地利，以弱御强。

石柱是偏远山区，也是土家族聚居区，经济发展滞后，人烟稀少，明末全司土著人口不足十万，除去老弱残幼，能够充当兵员的青壮男丁不足二万。但就在这种情况下，秦良玉以屯田养兵之法（战时为兵，闲时为农），白杆兵不断壮大，有关资料显示，万历二十七年播州平叛，马千乘、秦良玉率白杆兵三千五百人；天启元年，秦良玉及兄弟北上勤王抗清率白杆兵八千人；天启二年，秦良玉平奢时率白杆兵一万一千四百人；崇祯六年，秦良玉在夔门与义军作战时率白杆兵三万人之多；顺治六年，秦良玉去世后马万年固守万寿寨时率白杆兵也是一万人左右。石柱白杆兵的兵源，除以土家族十三族人为基本兵源外，附近州县避难的十余万家难民陆续来石柱，也是兵源增多的原因。白杆兵军纪严明，行军所过，秋毫无犯；白杆兵作战勇敢，悍不畏死，远近所惮，遐迩闻名；白杆兵多兵种配合作战，战斗力强，南征北战，战功卓著。在明末天下大乱，朝廷左支右绌，兵力不敷的情况下，白杆兵成为朝廷颇为倚重的平叛、抗清、对抗乱兵的重要军事力量。秦良玉能够在偏僻的土司地区缔造出如此劲旅，是一个伟大的创举和罕见的奇迹。

3. 罗汉营的僧兵是白杆兵的重要战斗力。在白杆兵队伍中，罗汉兵是劲旅中的劲旅。他们个个年轻力壮，无牵无挂，并且武艺高强。据传，白杆兵队伍里共有五百僧兵，他们分别驻守在石柱、忠县著名的四座庙宇中，人们常说"内有石峰三教，外有东林南城"，就是指这四座庙里驻有僧兵。他们平时读经咏经，操练武功，闲时务农，战时应征。以丰厚的庙产养庙和僧兵。罗汉营为首的将领智先和尚更是文武双全，足智多谋。

智先和尚是秦良玉家庙三教寺的住持，那里离县城只有7000多米。三教寺森林密布，风光秀丽，良田沃土，前临龙河，后依回龙山，是一方五马归巢的宝地。明弘治八年（1495），三教寺由石柱宣抚使马徽之母陈氏所建，崇祯十年（1637）秦良玉培修。三教寺占地30亩，有五重堂。山门呈八字形，门前石狮一对，门内哼哈二将分立左右。第一重殿，正中供雷神神像，门额有南明兵部尚书吕大器手书"万派归宗"金字横匾；横匾上方悬挂"三教丛林"

竖匾。第二重为四圣殿，供四大天王塑像，殿上设藏经楼，有经书3000多卷，楼前横镶"大振宗风"匾额。第三重是三清殿，殿堂悬"教维不二"横匾，前殿供有玉清元始天尊、上清灵宝道君、太清太上老君塑像，后殿塑满大小不一、神态各异的神像。第四重殿是玉皇殿，前殿供用楠木雕塑、高一丈六的玉皇大帝像，两旁立满石碑，殿上有"丛林益茂"匾额，后殿塑观音菩萨像，有"慈航普度"匾额。第五重殿为大雄宝殿，供高约一丈四的释迦牟尼铜像，是秦良玉勤王抗清从东北运回来的，两旁分列罗汉群像。大雄宝殿后面是禅院，院门上有"禅院生辉"匾额，内设客厅、僧舍、膳堂、客房、花园等。三教寺周边地势平坦，良田颇多，是藏兵、练兵、修行的理想之地。明破山禅师（寨栋宇）《寓三教寺示三客禅人》诗云：叩门识贤者，野外话头回，壁透安心宗，机投结念灰。长松富一枕，短锡声三台，戏语益君省，怡然生我侪。破山把佛门日常生活的所见所闻，写得入木三分。

智先和尚的二师兄智发为东林寺（忠县）长老。东林寺虽在忠县，但与南城寺、银杏堂遥相呼应，成掎角之势，是守护石柱北大门的一道屏障。

智先和尚的三师兄智睿是石峰寺（三河镇）长老。石峰寺坐落在万寿山脚下，明嘉靖三十八年，由土司舍人马平公修建，占地40多亩，顺山势建有五重堂，由前殿、侧殿、接引殿、正殿、藏经殿组成。石峰寺是石柱当时四大庙宇之一。因该庙建在万寿山半腰，而万寿寨是秦良玉大都督府的别寨，又处在湖北进入石柱的东大道上，战略地位十分重要。该庙属半祠半庙，既是庙宇，又是马氏忠祠，田地丰润，庙产颇多。此处既是守护进入万寿山的一道防线，又是遏制鄂湘入川的一道关隘，在那里屯兵，平时可守望石柱县城的安宁，战时亦可应征报国。明高作霖《遥赋石峰寺》诗曰："石峰万仞接层云，况是曹溪一派分。柏子空庭堪入悟，松风天籁孰先闻。祇园胜景无殊相，竺岫名僧果超群。千里芒鞋虽未到，梦中怀想亦欣欣。"寥寥数语，写出了寺庙的壮美和自己的喜悦心情！

师弟智启是南城寺（西沱镇）住持。南城寺有"汉唐古刹"之称，据南城寺正殿中梁记载：万历年间，秦良玉、宣慰使马祥麟曾出资扩修南城寺。在南城寺，至今还流传这样一个传奇故事，这个故事是由一句典故引发的，"南城寺的韦陀——坐起的。"是的，任何庙宇的韦陀塑像都是站着的，唯有南城寺的韦陀塑像是坐着的。原来，秦良玉在镇守山海关时，每天晚上都会有一员大将冲锋陷阵，所向无敌，而白天又不见踪迹。秦良玉不知道他的姓名，只记得他的模样。秦良玉回到石柱后，一天早上，她去南城寺进香，进大殿后看到一个塑像好像就是镇守山海关时的那员大将。询问住持，塑像是谁？住持说，是韦陀菩萨，前段时间他非常反常，每天早上全身冒汗，现在又正常了。原来，为了秦良玉守住山海关，他每天天黑跑到山海关助战，早上又跑回来，所以全身冒汗。秦良玉听后非常感动，认为他不但仁义，而且辛苦，便花重金给他重塑金身，并且由站像改为坐像。后来忠县秦氏、石柱马氏将南城寺作为家庙，每年都要进香拜佛，以求平安。南城寺在西沱南坪，长江边上，土地肥沃，地形特殊，是练兵藏兵的理想之所，亦是守护石柱北大门的一道屏障。

石柱白杆兵中的罗汉营，由这四座庙的 500 名僧兵组成。崇祯二年（1629），随秦良玉一路风尘北上勤王抗清，在收复遵化、永平等四城的战斗中，因僧兵全是步兵，在面对高大的骑兵时，用大刀专砍马脚，清兵落马后一刀毙命，杀得清兵鬼哭狼嚎。敌军不但惧怕石柱白杆兵，更惧怕白杆兵中的罗汉兵。崇祯皇帝在平台召见秦良玉时，给罗汉营首领智先和尚封官许愿，他都不受，最后满足了他的要求，结婚生子，所以至今石柱还流传一句歇后语："三教寺的和尚——有家有室！"

4. 热兵器是白杆兵的利器。石柱土司的白杆兵除了擅长白木长矛这样独特的冷兵器外，已经能运用当时的一些火器。其实，秦良玉早在万历四十八年（1620）五月就向明中央王朝奏请配给火器。《神宗万历实录》卷五九四记载：为解决兵力不足，秦良玉云"惟是臣所将之兵止三千三十名，又自成一类，恐军声不甚振。欲将在川土兵三千五百余名陆续前来，共成一臂之力"；为增强战斗力，秦良玉"然后请皇上借臣战车，给臣火器，半步半马，骑步相兼，惟经臣指纵"；为化解军费之困，请求"比照川将周世禄、湖广土司彭元锦所领土司兵安家之例"，以整顿军械。由此看来，石柱土司的白杆兵武装对大炮等火器使用甚为熟悉，提升了远程打击能力。明末清初，秦良玉逝世之际，曾言其已在石柱城东南万寿山"近积粮草、火药"，故石柱土司马万年在清初将寡兵微之时，亦能自如退守万寿寨。另外石柱土司中还有舍人使用"火具信炮"抵抗土匪侵扰，可见石柱土司的白杆兵武装在明清时期，已经能熟练掌握和使用火力更为威猛的大炮等装备。《四川通志》载："女将军秦良玉蓄健儿，名来狩者，精善鸟铳，百发不失其一。来狩亡，秦诲失狩，哭曰：即千金，吾不与易也。"万寿山遗存的神威大炮炮台，就是白杆兵在当时就有热兵器的最好见证。

5. 石柱宣抚司同知陈氏土司作为石柱土司的重要支柱，亦有带兵的勇将。南宋年间，石柱陈氏土司的祖先陈温随马定虎平定五溪地区而得授世袭石柱安抚司同知职。明洪武二十四年（1391）石柱宣抚司同知陈兴潮追随马克用从征散毛土司，因功而得赐白金百两。《陈氏历代族谱》记载："陈思虞袭职初，奉钦差总督川贵军务兵部左侍郎兼都御史刑调取思虞白杆精兵五百名征剿播酋杨应龙，打杨真岩，活擒逆贼长子杨国栋，得头二十余颗。又打养马城，破娄山关，斩头五十颗，把后路月余。贼势骁勇，各营将官莫敢赴敌。总兵催激，令有能先登斩贼者，提请重赏。思虞亲领三百名白杆兵先登海龙囤，七省总兵大至。此时功盖七省，得赏银牌十面，花红十副，随院祖赏花红银二百两。"后陈兴潮曾守卫华峰寨，与马应礼、马应权守卫的大寨和小寨相互成为犄角，拱卫石柱土司地区的安稳。

三、白杆兵的基本阵法

（一）白杆兵的三角尖锥阵

三角尖锥阵，是白杆兵的最基本阵法。形若三角，具有稳定性和机动灵活性。《中国土司制度》介绍，土兵的编制 25 人为一伍（也称甲），设小甲一人；50 人为一队，设总甲一人节制；200 人为一哨，设哨长和协哨督领；400 人为一营，设营长和参谋 2 人管辖；1200 人为一阵，设偏将一人指挥；2400 人为一军，设副将一人统治。而三角阵法就是以土兵最小的甲为作战单位，由甲长负责指挥，队形按照 1、3、5、7、9 人依次排列，形成三角状队形，前面一人由武艺高强、身强力壮、勇于冲锋陷阵的勇士担任，如前排一人倒下，后面依次补上，以保证队伍的三角形状不变，若前者败倒，则2重居中者补上，两翼亦然。以五重为限。根据作战任务可组成若干个甲，变换成波浪形，长方形等队形，使之攻防自如，互为犄角，既发挥了基本单位作战优势，又发挥了整体作战能力。是白杆兵常用的阵法。

土家族土兵队列表

单位	人数	队形		
一旗	26人	一旗列队		♀表示1人
		第一重	1人	♀
		第二重	3人	♀ ♀ ♀
		第三重	5人	♀ ♀ ♀ ♀ ♀
		第四重	7人	♀ ♀ ♀ ♀ ♀ ♀ ♀
		第五重	9人	♀ ♀ ♀ ♀ ♀ ♀ ♀ ♀ ♀
		尾	1人	♀（旗长）
土司	24旗 651人	一司列队		△表示1旗
		第一重	26人	△
		第二重	78人	△ △ △
		第三重	130人	△ △ △ △ △
		第四重	182人	△ △ △ △ △ △ △
		第五重	234人	△ △ △ △ △ △ △ △ △
		尾	1人	△（司长）
总司	24司 16276人	总司列队		◎表示1司
		第一重	651人	◎
		第二重	1953人	◎ ◎ ◎
		第三重	3255人	◎ ◎ ◎ ◎ ◎
		第四重	4557人	◎ ◎ ◎ ◎ ◎ ◎ ◎
		第五重	5859人	◎ ◎ ◎ ◎ ◎ ◎ ◎ ◎ ◎
		尾	1人	◎土司（宣慰）

白杆兵这种塔式的战斗队列类似欧洲中世纪另一著名阵法"野猪头"阵。其进则长枪如林猛如潮水，一波一波荡涤战斗意志薄弱和战斗力不高的敌人。其退则如古井无波，井然有序，令敌无可乘之机。这种阵法非常适合在旷野和平坦地方作战，似尖刀势不可挡，直插敌人心脏；若若干支锥形队伍一齐上阵，则如倒海翻江，攻必克，战必胜。秦良玉在北京勤王抗清就是采用这种阵法。

（二）一字长蛇阵

秦良玉文韬武略，从小饱读兵书，并运用自如。一字长蛇阵是她经常在白杆兵作战中运用的最简单、最基本的阵法。它的形状并不是传统的直线一样的一字，而是呈弧形的一字。全阵分阵头、阵尾、阵胆三部分。阵形变幻之时，真假虚实并用。

长蛇阵是根据蛇的习性推演而来，长蛇阵共有三种变化：击蛇首，尾动，卷；击蛇尾，首动，咬；蛇身横撞，首尾至，绞！这样做有两大好处：第一就是使处于阵法中心的阵眼更加安全，避免直接遭受到敌人铁骑的冲击；第二就是便于阵法的变化合围，更快地歼灭敌人。

一字长蛇阵蛇身的主要力量是白杆枪，在白杆枪的内围是盾牌手，外围是弓箭手。其中盾牌手的作用是更好地保护白杆枪手，挡住敌人的冲击，阻止敌人突围；弓箭手的作用是利用强弓劲弩射住敌人援兵的阵脚，使其无法增援，如果没有援兵则负责干扰阵法内敌人的突围行动。蛇头上要设置两员猛将，负责砍杀突围之人。如果是为了阻止敌人追杀的话，还可以在弧形的口处设置一个辅助阵型，由四层力量组成，依次是栅栏、盾牌、长枪、弓箭。这样就可保阵法万无一失。

一字长蛇阵运转：当敌人冲进阵中后，蛇头、蛇尾要迅速行动，使阵法如同一条巨蟒一般，迅猛地将敌人牢牢地缠裹起来，并要不断移动，使蛇身越缠越紧，作为蛇身的白杆枪就负责像獠牙一样不断撕割敌人身上的肉，蛇头的猛将则负责将漏网之鱼斩杀干净，蛇身内围的盾牌则要拼命挡住敌人的冲击，就像蟒蛇的铁鳞一样。在这种攻势之下，敌人会被瞬间绞杀干净，片甲不剩！

施展阵法的士兵穿闪闪发光的铠甲，这样在施展阵法的时候，随着时间的推迟，敌人便会感到晕头转向，战斗力大为减弱，尤其是在烈日当空时，铠甲反光折射，晃动敌人眼睛，使之失去战斗力，这种效果更为明显。还有一点就是由于阵法是在不断运动之中，所以盾牌手的体能非常重要，在日常训练时，要手持铁盾牌进行训练，而在正式开战时，则最好手持藤条盾牌，这样才不至于累倒而破坏掉阵法。

秦良玉在固守山海关和收复北京城时都是采用一字长蛇阵，使清兵在山海关久攻不下，最后不得不绕道喜峰口南下北京。秦良玉到北京勤王，又采用这种阵法，清兵弃甲投戈，弃城而逃。

（三）诸葛八卦阵

崇祯皇帝在平台召见秦良玉所赐的诗中有一句写道"学就西川八阵图，鸳鸯袖里握兵符"，就是赞美秦良玉在夔门与张献忠、罗汝才作战时，采用当年诸葛亮创设的八阵图，使张罗败走夔门的故事。相传，诸葛孔明御敌时以乱石堆成石阵，按遁甲分成休、生、伤、杜、景、死、惊、开8门，变化万端，可当十万精兵。崇祯七年（1634），张献忠义军破夔州（今重庆奉节），进围太平，秦良玉提兵赶至，学就当年诸葛亮，摆开诸葛八卦阵，义军慑于秦良玉及其手下石柱白杆兵威名，害怕这种古怪的阵法，便仓皇逃走，川东大定。崇祯十三年（1640），罗汝才部进入巫山，为秦良玉阻遏。于是，这位绰号"曹操"的罗汝才突然进攻夔州，又被秦良玉率白杆兵击退。不久，秦良玉率白杆兵在马家寨阻击义军，杀其骁将"东山虎"，斩首六百余级。随后，秦良玉乘胜，与明军在谭家坪、仙寺岭连败义军，夺得罗汝才主帅大纛，并生擒其副手"塌天王"。

（四）二龙汲水阵

二龙汲水阵是秦良玉惯用的阵法，这是因为该阵有一个非常突出的优势，那就是高度的灵活性，但又不是一字长蛇阵那种单调的灵活，一条蛇是死的，两条龙才能真正活过来。在众多的战役中，二龙汲水阵随处可见，例如围点打援、迂回包抄战法等。秦良玉在平息奢崇明的叛乱中，就是使用二龙汲水阵法。先遣裨将秦永成在三十六寨山谷间和长江沿线关隘插旗作疑兵，震慑叛军不敢攻打涪陵、丰都、石柱、忠州等地；遣侄儿秦翼明率白杆兵抢占南坪关，扼贼归路；遣侄儿秦拱明率兵夜袭两河（长江与嘉陵江），焚叛军船只千余只，削其水军之力；遣使驰报夔州官军密防瞿塘天险，阻止叛军沿江东下。秦良玉与弟民屏分兵两路直抵成都，沿途收复安岳、乐至、新都等地。当时西南一带诸土司皆收受叛军贿赂，逗留观望，唯独秦良玉率石柱白杆兵奋勇直前，与苦守成都已逾百日的成都军民里应外合，于天启二年（1622）正月大破叛军，解成都之围。奢崇明逃逸回老巢。

成都解围后，秦良玉再回师重庆，秦民屏斩黑蓬头，擒樊虎，勇克二郎关。樊龙等困守孤城，秦良玉与弟民屏乘胜追击，连拔敌营十七座。叛军龟缩重庆城中不敢出战，困守孤城负隅顽抗。秦良玉配合官军围攻重庆，叛将张彤被马祥麟斩于阵前，樊龙亦被擒杀，遂于天启二年五月收复重庆。朝廷封秦良玉一品诰命夫人。收复重庆后，良玉继续领兵进剿奢崇明叛军，会同官兵连克奢军最后盘踞的永宁、蔺州（今古蔺）、九节滩、红崖墩、观音寺、青山墩及江潦四十八寨，奢崇明逃往水西，全川平定，朝廷用金银玉帛嘉奖石柱土司。

四、白杆兵的军纪

石柱白杆兵的军纪非常严格，据有关史料载："秦太保的白杆兵大都是亲连亲、友连友而召集起来，加以严格训练后，战斗力非常强。秦良玉寓兵于民，战时为兵，闲时就组织土兵开垦荒地发展生产，并将部分新垦荒地分给官兵的家属和群众，广种粮草，如邓家坝、秦家坝、羊耳坡、乌杨坝等地。女兵则纺花织布，供应军需。""秦太保在军政管理上，制定有严格的条文。比如，不管什么人，凡犯有奸、淫、烧、杀罪之一者，杀无赦。"

万历二十七年（1599）在播州平息杨应龙战斗中，适逢春节，明军放松戒备，猜拳划令，饮酒作乐。正月初二晚上，秦良玉料到叛军当晚会乘机偷袭，遂告诫马千乘，便下达"解甲韬戈者，斩"的军令。果不出所料，当晚敌军来袭，在明军仓皇失措，溃不成军时，早有准备的白杆兵出奇制胜，不但击溃敌军，而且当晚夺取叛军金筑等七寨。

石柱白杆兵军事纪律的严格体现在如下几个方面：一是一切行

动听指挥，令行禁止，闻号集结，闻鼓冲锋，闻金撤退，违令者，斩立决。二是行军时不得抢掠百姓财物和强买强卖，即便是万里行军，所过秋毫无犯。三是在战斗中，鼓励勇往直前者，严惩贪生怕死者，轻者鞭笞，重者斩首。四是战斗时只许击刺，不许割首，违者与退缩者同罪论斩，这样，作战时人人奋勇，不必为争夺首级领取功勋而分散力量，影响整体作战。五是实行连坐之法，以甲为单位，甲中有人犯过，同甲中人将受牵连，若有变节投敌者，诛其族。这种连坐法意在建立互相监督机制。军事纪律的严明，是士兵战斗力的重要保证。

秦良玉严于治军，除训练白杆兵兵法、枪法等武功外，还制定了铁的纪律：畏贼不前者斩，放弃防地者斩，抢掠民财者斩，逼奸妇女者斩，焚毁民房者斩，失落兵器者斩，违抗军令者斩，私通敌人者斩，叛敌投降者斩，冒领骗饷者斩！在秦良玉及兄弟的帮助下，白杆兵个个武艺高强，人人能征善战，且军容整洁，军纪严明，斗志昂扬！

秦良玉的白杆兵不论是行军扎营途中还是在驻地，都军容肃然，纪律严明，所到之处秋毫不犯，深受百姓喜欢。1629年北上勤王入驻北京时，据有关资料记载，秦良玉"驭下严峻，每行军发令，戎伍肃然"，"所过之处秋毫无犯"。当白杆兵开进北京时，都人"闻'白杆兵'至，聚观者如堵，马不能前"，盛况应该是空前的，在明代，任何军队到京城大家都比较默然，而秦良玉的石柱白杆兵入京城能引起京城人民的广泛关注和喜爱，除了与他们入京解京城被清兵所困的义举有关，更多的是对女将军秦良玉的敬仰和对秋毫不犯的石柱白杆兵的爱戴。以至于若干年后，京城人民把当年秦良玉屯兵的宣武门外四川营改为四川会馆，并设神龛，立牌位，上书"明太保秦良玉之位"，神龛前用楹联歌颂这位女英雄："出胜国垂三百年，在劫火销沉，犹剩数亩荒营，大庇北来桑梓客；起英雄于九幽地，看辽云惨淡，应添两行热泪，同声重哭海天涯。"门外上方横匾书："蜀女界伟人秦良玉驻兵遗址。"当年秦良玉绣铠营的五百名女扮男装，飒爽英姿，身着戎装纺纱织布的十三条胡同，被京城人民称为棉花胡同，至今地名犹存。清嘉庆二十二年进士重庆垫江李惺有诗吊四川营秦良玉驻兵遗址：当日勤王上玉京，桃花马上请长缨。蒸天凶焰黄巾贼，震地威棱白杆兵。金印久传三世将，绣旗争认四川营。至今秋雨秋风夜，仿佛茄声杂纺声。

顺治二年（1645），张献忠派人送金印至石柱，招降时年72岁的秦良玉，秦良玉毁其金印，并慷慨言曰："吾兄弟三人皆死王事，我一妇人，受国恩二十年，官至一品，今不幸国家丧亡，岂可事贼耶！"她不仅下令"有从贼者，杀无赦"，而且还发布一篇具有成文军事法的《固守石柱檄文》，全文如下。

为传布告我父老军士同心御侮事。慨自献贼犯蜀，石柱震恐，有议降者，有议迁者。呜呼！普天之下，莫非王土。我高皇帝以布衣提三尺剑，四征不庭，乃定丕基。今皇上神圣英武，独运庙谟，献逆虽狡，指顾成擒。我父老军士，奈何不详查虚实，妄听谣诼，滋长寇贼之威，挫馁军旅之气耶？本使以一弱女子而蒙甲胄者垂三十年，上感朝廷知遇之恩，涓埃未报；下赖将士推戴之力，思其功名。石柱存与存，石柱亡与亡，此本使之志也！抑亦封疆之责也！然有谓献贼善于将兵，战无弗利者，嘻嘻！此实虎之伥，雉之媒，□□□□□也夫襄阳乞降，熊巡抚受其绐；澧州溃国，左军门骄其志。若令其当本使，则其技立穷矣。往者播州之役，歼厥精锐八千；蔺州赴接，解严不越九日。他若重庆之捷、成都之捷、夔门之捷，均彰在人耳目。想我父老军士，共见共闻，非本使一人私言也。今者贼之前锋，已逾荆关，距石柱仅三日程耳。乃复盘旋如蚁，游移若狐，欲前复却，欲进退，本使不知其何所顾忌而若此？虽然临事而惧，好谋而成；圣人之格言，兵家之要道也！本使国愤家仇，痛心交并，汉贼不两立，其势直不可终日。然而不敢恃血气之勇，昧壮老之义，而学匹夫抚剑之态！其有盘涧硕人，泉石逸士，怀留侯之奇谋，隐洛阳之雄略，足以制贼之死命，而贡诸本使前者，固当虚衷翁受，拱听明诲。即降至与台走卒，或有一策师，片言足采，本使亦无不乐与同旋，崇以礼貌。唯木使鳃过虑，不得不与我父老军士约者，则以全蜀沦陷，群贼猥毛。其侦骑之密布，逻卒之四出，禁无可禁，防不胜防。是在各奋报国之心，共作同袍之气。毋总妾论，毋听谣言，毋许越界，毋许私徙。临阵身必先，杀贼志必果。勿奸淫，勿劫掳，勿嚣张，勿浮动。遭所约则赏有差，悖所约则杀无赦。本使令出法随，虽亲不贷至之日，其各凛遵！

军纪是提高部队战斗力的根本和保证，石柱白杆兵能有如此强大的战斗力，完全是靠秦良玉制定的一整套完备的军纪！

五、白杆兵征战的特点

第一，征调次数多，规模大。石柱白杆兵颇受明中央王朝的重视，故奉调征伐极其频繁。依据《明史》《石柱厅志》《补辑石柱厅志》《石柱县志》《石柱土司史料辑录》《秦良玉史料集成》等史料记载，明朝时期石柱白杆兵先后被征调参加的重大军事活动近二十次。明末秦良玉执掌石柱土司职权时期，石柱白杆兵参加战争的人数动辄成千上万，最多时达到三万之多。

第二，作战胜利多，败绩少。石柱白杆兵的军事征调活动主要是援辽、勤王和平叛。就其性质而言，无论是对封建王朝，还是广大人民，石柱土司的上述军事活动都是正义之战，石柱白杆兵都能在这样的军事活动中凯旋。在平定杨应龙发动的播州之乱中，秦良玉及石柱土兵"为南川路战功第一"；浑河血战，首功数千，实"石柱、酉阳二土司功"；秦良玉率领石柱白杆兵武装第三次奉调勤王时，被明崇祯皇帝在平台召见，赐彩币羊酒和御笔赋诗四章；在平定奢崇明的战争中，秦良玉因功被"封夫人，赐诰命"。纵观石柱白杆兵的军事征调，除秦良玉在夔州阻击农民起义军，因邵捷春指挥有误失败外，其余均以胜利告终。这似乎暗示出这样一个真理：但凡正义的得道之战，则必胜；若逆历史潮流而动干戈，则必败。

第三，征调的功劳大，过错少。纵观石柱白杆兵武装的军事征调，具有功过相兼的特征。石柱白杆兵的秦良玉等将领屡受以皇帝为代表的封建王朝嘉奖，当然是因其"奋勇竭忠朝廷"和维护了封建统治阶级的利益所致。必须看到，当以满族贵族为首的后金军队侵扰危及明朝统治阶级及广大人民生命财产安全的时候，石柱白杆兵的抗清行动也部分地代表了人民的利益和要求。另外，天下扰攘之际，石柱土司保守领地，为躲避战火的普通百姓提供庇护之所，更是大义之举，自当为土民所爱戴。因此，石柱白杆兵的军事活动理所当然地会受到当时人民的称颂。

六、白杆兵的具体任务

一是保境。平时，白杆兵主要担负维护本司辖区内的社会治安秩序的任务，让老百姓有一个安宁的生产生活环境，即所谓"保境安民"。土司署和同知府都有一定数量的常备白杆兵（具体数字不详），如若不足，则按需要向三里峒寨征集，以确保土司署、同知署、佥事署等重要机关的安全，维护司城等地的治安。秦良玉在石柱司城设置栅栏守备，在三教寺、石峰寺、南城寺、东林寺训练和驻防僧兵，在三十六寨任命头领，半农半兵，设卡、巡逻等，都是为了保境安民，让她管辖的老百姓安居乐业。

二是轮戍。由于明王朝兵力不足，往往会征调白杆兵在重要地方以备防御。明代，西界沱、江池分别在巡检司驻白杆兵，以防匪患。"崇祯三年……永平四城收复，而留石柱白杆兵将领秦翼民住近畿（戍边），筑大凌河，翼明以万人护筑，戍兵一年，命兵还镇"。秦良玉受命于朝廷，对川东地区有守土之责，常将石柱白杆兵留戍夔（奉节）忠、万等地。奢崇明叛，秦良玉留兵一千，多张旗帜，护守忠州等地方。

三是备征。石柱土司忠于朝廷，特别是明王朝。首先，朝廷对土司头人加官晋爵以示恩宠，由安抚使升宣抚使，再升到宣慰使。宣慰使为从三品，爵高品高，土司头人乐于朝廷封官晋爵。其次，贡赋很轻，求其安定。原是三年一贡，石柱清代以年贡马两匹折银，年年解库，负担很轻。再次，打仗主动，奖励优厚。因此，明朝征调石柱白杆兵每征必行。土司也在农闲时练兵准备应征，以示效忠朝廷。明朝末年，朝廷三次调石柱白杆兵勤王抗清，秦良玉都及时应允，而且还自裹粮草。

四是征蛮。到了明朝后期，朝纲不振，社稷动荡，先后有播州土司杨应龙、叙永土司奢崇明、水西土司安邦彦反叛明廷。朝廷除出动明军外，还调用各地土司前去征蛮，石柱白杆兵基本上每次都参加，而且都会立头功，所以，白杆兵也是朝廷维护安定安宁的不可缺少的重要力量。

第四节　白杆兵的训练

农闲时各寨栅组织训练，适龄男子以围猎练习攻防协作、爬山穿林、射击。此外，还训练骑马、射箭、打火药枪（火药中放铁子）、用白杆枪刺杀及举重跳沟等。每年冬季精干白杆兵集中在南宾司城训练。

土家族在长期的军事实践活动中，形成了自己特有的军事训练、军事阵法、军事仪式等军事文化，从而保证了白杆兵有较强的作战能力及较高的战斗力水平。白杆兵在秦良玉的严格训练下，军纪严明，作战勇敢，战斗力极强，威名远播。

一、军事训练

秦良玉非常重视对白杆兵的军事教育和技能训练。在石柱土司署地，设有专门用于白杆兵训练的军事场所，人称较场坝（地址在今万安街道较场坝社区）。另外，在麝香溪也设有跑马射箭的训练基地，因而后人改麝香溪为马武坝（今马武镇）。白杆兵的军事训练项目有战术布阵、盾矛技巧、骑射演练、搏击、攀爬、水战、舟楫、火铳等，此外，还利用"撵仗"（围猎）活动训练白杆兵团结协作的精神。

（一）战阵训练

白杆兵的军事阵法比较独特，前文已述，一般以25人组成一个三角锥形的战斗队形，所以白杆兵编制以25人为一伍。锥头1人，依次排列为3、5、7、9人，共计5排25人。这样的战斗队形可以数十个或数百个组合在一起，形成大阵，且根据地形或战斗需要，可以随意变换大阵的阵形。平旷之处可摆成方阵，狭窄之地可摆成一字长蛇阵，冲锋时可摆成三山月儿阵，防御时可摆成四门斗底阵。无论阵形如何变化，基本的尖锥战斗队形始终不变，若锥尖之人败倒，则第二列居中者补上，如前一排人倒下，后排依次补上，以保持队形的严整。胜负以五列为限，若皆败倒，则第二个尖锥战队补其位再战。营长在本营队列之后，如某兵士畏缩不前，则立斩之。白杆兵的这种三角锥形战队，表现出极强的机动性与灵活性，进退自如，攻守兼备。进则整齐严密，势不可当；退则井然有序，稳如泰山；攻则无坚不摧，势如破竹；守则固若金汤，安然无恙。此阵法严密周到，被誉为"用兵者要诀"。

（二）盾矛训练

战阵之上，既要杀敌，亦要防御。石柱白杆兵的白杆枪是由古代巴人的巴式矛和巴式戈加以改变，在马家枪的基础上不断完善而成的，在冷兵器时期是具有多种功能的、灵巧、易操作的一种利器。作战时以刺、钩、扎、扫、架等招式为主，白杆兵平素须将这些动作练熟练巧。盾牌有铜盾、皮盾、藤盾三种，既防敌人箭弩，又敌人刀枪。在前述三角锥战斗队形中，进攻时，锥尖之人武艺最高、力量最大，所执白杆枪最长最粗，以钩、刺、扎为主，是整个战队的尖锋；两翼之人皆执白杆枪刺、钩、扫、架，是整个战队的两刃；战队中间部分的人则一手执白杆枪，一手执盾牌，辅助锥尖之人和两翼之人，以盾牌助其防御，以白杆枪助其杀敌。

（三）骑射训练

白杆兵以步战为主，但也有骑兵，故部分白杆兵必须苦练马战技能。马战是白杆兵的头目及将领的必修课。箭、弩在冷兵器时代是远距离攻击利器，因此，历代将士都十分重视射技，历代朝廷亦将射箭列为武举的必试之技。所有白杆兵将士必须练习射箭发弩之技，既要练开弓之力，能开几百斤的硬弓；又要练射箭的准确性，百步穿杨。

（四）搏击训练

古代作战，既要善使兵器，又要善于搏击，古人创出了各种搏击之术，如少林拳、武当拳、太极拳、形意拳、洪拳等。石柱白杆兵既要练兵器，也要练拳脚，一来强身健体，二来提升战斗时的搏击能力。事实上，土家族人崇力尚勇，自孩童时即开始锻炼体力和搏击能力。

（五）攀爬训练

石柱僻处山区，土民长期在崇山峻岭间生活，其攀爬能力本就较平旷之地的人强，惯于山地作战，特别是林间作战，神出鬼没，敌人防不胜防。为进一步提升白杆兵的攀爬能力，在攻城夺寨时发挥出更大的优势，秦良玉特别注重对白杆兵攀爬能力的训练。石柱白杆兵利用白杆枪前后钩环相连，能够攀上百丈悬崖，往往能从敌人疏于防范的绝险之处突袭敌人，如天兵降临，收到出其不意，攻其不备的奇效。石柱白杆兵巧夺桑木关和奇袭佛图关便是例证。

（六）水战训练

征战之时，难免涉水渡河。因此，白杆兵虽生活在山区，也要练习游泳。战斗的地点有时候是不可以预先选择的，在浅水或泥泞中作战是常事，因此，白杆兵会在溪河、水田中训练，以便在战斗中能够适应各种复杂的地理环境。

（七）舟楫训练

石柱临长江，远征时为养精蓄锐，多选择水路行军，这就需要练习操舟行船之技，有时候难免要在船上作战，因此，白杆兵要练习水面作战的本领。平奢崇明乱时，石柱白杆兵奇袭两河，焚敌船千余艘，就是因为他们虽是山区土兵，但却练就了驾驭舟楫之技。

（八）火铳训练

火铳，又称鸟铳，即火药枪。火铳是比箭弩更为劲疾、更具杀伤力的热兵器，是现代枪械的前身，用之攻城或狙击敌方将领最为有效。石柱白杆兵中专门设立有火器营，平时训练射击之术，战时成为特种部队。石柱白杆兵在平乱、镇守榆关等战役中，火器营均在战斗中颇有建树，立有战功。《四川通志》载："女将军秦良玉蓄健儿，名来狩者，精善鸟铳，百发不失其一。来狩亡，秦诲失狩，哭曰：即千金，吾不与易也。"

二、胆魄训练

为训练白杆兵的心理素质，将白杆兵练成胆魄过人、悍不畏死的勇士，往往用猛兽与白杆兵搏斗，如搏虎、搏豹、搏野猪等。在训练中，死亡者不抚恤，受伤者自疗，见猛兽畏不敢前或败逃者受处罚，而搏杀猛兽者重赏。石柱白杆兵作战英勇顽强，令敌人胆寒，均是在这样的严格训练中培养起来的。

三、整肃军纪

军事纪律的训练，一是在操练、演习时训练，二是在撵仗活动中训练。土家人所称撵仗，即汉人的围猎，其差别在于撵仗如同军事演习一般。撵仗多在冬季无农事时进行，先由舍把、头目或有经验的猎人，通过野兽留下的足迹、粪便等预估野兽栖息在哪个山头，然后率数十或数百人至山下，一部分人持火铳、刀、矛隐伏于各道口，为狙击者，一部分人吆喝猎犬数十只上山追寻野兽，为撵山者。猎犬从见到的野兽足迹处出发，嗅兽味追踪，撵者在犬后吆喝，给犬壮胆，使兽惊惶。猎犬逼近野兽时，兽必奔逃，隐伏在道口的狙击者以火铳或刀矛将兽杀死。撵仗犹如战争，出发前要精心准备，由组织者做好分工，各领刀枪猎狗，几十人至上百人前往事先选好的猎场，各就各位。无论是围山、撵山、狙击，都有可能遭遇野兽的攻击，这就要求白杆兵必须具备机智、勇敢的心理素质。撵仗活动既训练了白杆兵临危不乱、团结协作的作战纪律，也培养了白杆兵面对来敌，敢于拼搏的战斗素质。

第四章　石柱白杆兵的将领

第一节　白杆兵创始人之一马千乘

马千乘，字君锡，号肖容。生于 1572 年 12 月 28 日未时，卒于 1613 年 8 月初七丑时。曾任石柱土司、宣抚使。是石柱白杆兵创始人之一。

史称马千乘"自幼英武，有将略，三里豪杰皆乐为用"。据《石柱县志·土家族志》："一直由石柱土司管辖的龙阳洞（利川谋道）在万历十四年（1586），土司谭彦相将编籍献万县，认纳草籽粮五斗二升，奉旨俞允，脱离石柱土司。万历十六年（1588），石柱宣抚使马斗斛（马千乘之父）、马千乘不准龙阳洞土司脱离土籍，率土兵攻围龙阳洞，烧民房 300 余处，杀害百余命。"当年，马千乘只有 14 岁，就英勇顽强。万历二十一年（1593）马千乘父亲、石柱土司马斗斛因开矿被撤职流放口外，马千乘受牵连入狱 3 年，其土司一职由母覃氏代任，因母年老多病，为今之计，赔偿矿项 500 金，交付保金马千乘得以出狱。万历二十三年（1595）六月二十四日，马千乘通过比武招亲同秦良玉结婚。婚后与夫人秦良玉发展农业生产，开发银矿，纺纱织布；同时为保境安民，亲手创建，亲自操练，自制枪械，训练出威名远扬的著名的"白杆兵"。

万历二十六年（1598）马千乘袭母覃氏职任石柱宣抚使。万历二十七年（1599），播州土司杨应龙发动叛乱。明廷调集各地土司土兵与官军共同平叛，将二十四万军队分八路进攻杨应龙叛军。马千乘奉调率3000白杆兵参战，因这是白杆兵首次征战，为了胜利的需要，夫人秦良玉自裹粮草带领500精兵随往。万历二十八年（1600）正月初二，明朝军队于军营设宴庆贺春节，被杨应龙部乘夜偷袭而大乱阵脚。马千乘因事前接受秦良玉防备敌人夜袭的提醒，告诫麾下将士"解甲韬戈者，斩"的军纪。夜间，人不解甲，马不离鞍，差总管马廷培、马邦田、谭朝国等统领一千五百人前设伏，以防入犯。明年正月（万历二十八年正月二日，贼乘官军晏夜袭。被千乘夫妇击败之，于邓坎擒吴尚华。乘胜破九股生苗，夺金筑、青岗觜、虎跳关等七寨、直逼桑木关。各路官军赶到集结后，齐攻桑木关。

桑木关是通往杨应龙老巢海龙屯的重要关口，位置特殊，地势险要，素有一夫当关万夫莫开之称，明军几路大军聚集山下，望尘莫及，不知所措。由于山险关峻，甲胄裹身的明朝官兵一时束手无策。而恰好马千乘秦良玉带领的3500名白杆兵能展示他们的用武之地。白杆兵不但善于攀崖越壁，还能发挥白杆枪前钩后环的优势，千乘良玉指挥"白杆兵"绕行至桑木关左右悬崖下，利用"白杆兵"特有的白杆钩镰枪，钩连环，环连钩，前后搭接，形成"枪梯"，加之土兵生长于崇山峻岭间，善于攀爬，沿"枪梯"攀悬崖，敏捷如猿，攀登上了敌人防御薄弱的悬崖。"白杆兵"上崖后发起突然袭击，犹如天兵天将从天而降。叛兵惊慌失措，弃关逃生。"白杆兵"与酉阳等各路兵马合军一处，穷追猛打，破关夺隘，直抵杨应龙的老巢海龙囤。

海龙屯是十三世纪杨家就开始修筑，以抵御蒙古大军的古城堡。三百年后29世杨应龙进行了加固扩建，成为对抗明廷的大本营。海龙屯地形复杂，地势险要，四周均为断崖绝壁，易守难攻。而且还在前屯建有铜柱关、铁柱关、飞虎关、飞龙关、飞凤关、朝天关六道关口，层层设防。后屯建有万安关、西关和后关三道关口固守山道。特别是在最为险要的山路上还建有36步天梯，每步高60至80厘米，只有手脚并用才能攀爬，外加上面广积滚木礌石，如若上山，比登天还难。

八路大军24万人围困海龙囤四十余日，久攻不下。千乘良玉又指挥白杆兵用白杆钩镰枪从后寨攀崖而上，犹如奇兵从天而降，贼首杨应龙见突围无望，明军又到，心毁意绝，先纵火焚烧宫室，然后与两名爱妾一起自缢而亡。由此，雄踞播州700余年的杨氏统治，在农历六月初六彻底坍塌，播州之乱平息。川贵总督王象乾疏言："马千乘兵三千，擒斩八百七十五名颗，千乘之妻秦氏报效不支饷，兵五百，擒斩一百一十七名颗，而二家且勇夺桑木、大滩等险关，意不言功，何其勇且顺也……"

两次攻关夺隘，石柱土司马千乘，夫人秦良玉指挥有方，白杆兵骁勇善战，白杆枪功效显著，受到川贵总督王象乾高度赞誉，总督李化龙称白杆兵为南川路战功第一，并用6两纯银打造银匾一块，上书"女中丈夫"四个大字予以褒奖。

万历四十一年（1613）八月，41岁的马千乘因得罪太监邱乘云，邱乘云借有人举报，以在龙潭老苍坪私开银矿、偷税为名将其关押在云阳监狱。秦良玉四处叫屈申冤，当决定无罪释放千乘时，瘐死云阳狱中。秦良玉及众白杆兵将马千乘遗体运回石柱厅北（现鱼池镇），葬石柱县城北清水塘。马千乘墓碑记由江右金溪人吴与俦铭其墓曰："青草苍苍，锦江汤汤。将军威德，山高水长。传星为章，苌雪生光。将军精爽，鹤驭鸾翔。铜柱分疆，铁券流芳。将军嗣绩，虎翼龙骧。佳城孔祥，卜日维良、贞珉永寿，奕禩蒸赏。"

按明朝土司承袭制度的规定，父死子袭，子幼则妻袭。因子马祥麟尚小，秦良玉含泪忍悲，奉朝命袭任石柱宣抚使。

第二节　白杆兵创始人之一秦良玉

秦良玉（1574—1648），字素贞，石柱宣抚使、石柱白杆兵创始人之一，一品诰命夫人，都督府左都督、汉土总兵官、太子太保忠贞侯。良玉生于岁贡秦葵家庭，自幼与兄邦屏、弟民屏随父学词翰，习兵法，练骑射；在父亲"执干戈以卫社稷"思想影响下，学得诗词歌赋，刀枪剑戟亦无所不会；为进一步精通文韬武略，曾逼父传艺；十八岁敢于冲破传

秦良玉

统世俗观念的束缚，拒绝媒妁之言和父母之命，毅然比武招亲。万历二十三年（1595）同石柱宣抚使马千乘结婚，嫁到土家山寨石柱，助夫开荒屯田，发展农业生产，富裕百姓；同时整饬军务，自制兵器，训练和改造土兵，几年时间就创建了一支被世人所惮、闻名天下的石柱白杆兵。1598年，曾派其兄秦邦屏、弟秦民屏援朝抗倭。万历二十七年（1599），马千乘奉调平播州（今贵州遵义）土司杨应龙叛乱，以三千石柱白杆兵从征，也是石柱白杆兵第一次被朝廷征调参加正规作战。依理，石柱土司已经尽到了对朝廷的义务，但秦良玉为解国难，作为编外人员，自裹粮草，又亲统精卒五百人，自备军粮马匹，随丈夫马千乘出征，与副将周国柱一起在邓坎（今贵州凤岗）扼守险地。

明万历四十一年（1613），其夫马千乘因矿事瘐死在云阳监狱，儿子马祥麟尚幼，按当时土司世袭制度，秦良玉袭夫职任石柱土司、宣抚使。泰昌元年（1620），秦良玉奉旨出兵援辽，秦良玉派其兄邦屏、邦翰与弟民屏率五千白杆兵先行，自己与子马祥麟置备粮草后发作援，朝廷赐良玉三品章服。天启元年（1621），邦屏兄弟与白杆兵血战浑河，因寡不敌众，邦屏、邦翰战死，民屏受重伤突围，白杆兵死伤过半，此役虽未获胜，但挫败了清兵的锐气，振奋了明军士气。兵部尚书张鹤鸣奏称："浑河血战，首功数千，实石柱、酉阳二土司功。"秦良玉统率的石柱白杆兵从此名扬天下，令清兵闻风丧胆。

天启元年（1621），秦良玉自统三千精兵日夜兼程北上，得知两位兄长牺牲的消息后，在行军途中遥奠致哀。路过京都时，制冬衣1500余件，配送给在浑河血战中劫后余生的石柱白杆兵，一边收留前线溃返的白杆兵，一边往前线进发。是时，清兵铁蹄南下，兵锋已指榆关（今山海关）。白杆兵在榆关附近与清兵遭遇，秦良玉上急国家难，下复私门仇，仇人相见，分外眼红，催桃花马，舞鸳鸯剑，杀入敌阵，挡者殒命。素来骄狂的清兵遇到如此舍生忘死的白杆兵，惊骇之极，仓皇溃逃。清军攻关不下，用"重购川军"的办法，派《红楼梦》作者曹雪芹的天祖曹世远带着价值连城的珍品"玉如意"招降贿赂秦良玉，遭到秦良玉的摔击，美玉被秦良玉击碎，招降秦良玉的梦也被同时击碎，曹世远被驱赶出营，以致133年后清乾隆皇帝在玉如意上题诗感叹："贞素摽琼质，讵为宝球琳。"

熹宗皇帝闻报，进秦良玉二品官服，御赐"忠义可嘉"牌匾，并命秦良玉镇守榆关。榆关在白杆兵的镇守下，成为清兵进犯明廷京畿不可逾越的屏障，延缓了改朝换代的历史进程。

榆关安宁后，朝廷又派秦良玉回川征兵继续援辽。此时，重庆却遭奢匪之乱。

秦良玉带领白杆兵将奢崇明逼退水西，平定全川，朝廷用金银玉帛嘉奖石柱土司。天启皇帝赐秦良玉一品章服，一品诰命夫人，授都督金事，兼任总兵官。

崇祯二年（1629）二月，皇太极率大军取道喜峰口入关，占领永平、遵化、滦州等四城，直逼北京，崇祯召天下勤王，大多畏缩不前，唯良玉"出家财济饷"，应召率师北上，英勇善战，解京都之危。崇祯闻报，召见平台，赐彩帛羊酒，赋诗四章，曰："世间多少奇男子，谁敢沙场万里行""由来巾帼甘心受，何必将军是丈夫"。

北京解围后，明廷诏令秦良玉不再出兵援剿，"专办蜀贼"，负责守御川地。崇祯七年（1634），张献忠起义军破夔州（今重庆奉节），进围太平，秦良玉提兵赶至，起义军慑于秦良玉及其手下白杆兵威名，仓皇逃走，川东大定。崇祯十三年（1640），罗汝才部进入巫山，为秦良玉阻遏。于是，这位绰号"曹操"的黠贼突然进攻夔州，又被秦良玉率兵击走。不久，秦良玉率兵在马家寨伏击起义军，杀其骁将"东山虎"，斩首六百余级。随后，秦良玉乘胜追击，与明军在谭家坪、仙寺岭连败起义军，夺得罗汝才主师大纛，并生擒其副手"塌天"。

数役下来，秦良玉部斩杀起义军近万，获甲仗马骡无数，起义军尸横遍野。罗汝才率残部遁走大宁（今重庆巫溪），与张献忠在巫巴山区合军后，士气复炽，逾过巴雾河（今重庆巫山县双龙镇大宁河），拼死攻击秦良玉侄子等人统领的石柱白杆兵。由于杨嗣昌指挥失误，把大批蜀地精兵调出，只留二万弱疲士卒给川抚邵捷春守重庆。

秦良玉一心为国，率三万石柱精兵抵至夔州。邵捷春令她把部分白杆兵移近重庆，与附近守将张令相倚为声援。不久，邵捷春又抽调一万五千石柱白杆兵，进入重庆与官军共同把守坚城。秦良玉深知邵捷春之策甚愚，但她又不敢违背命令，就对路过自己军营的绵州知州陆逊之表示："邵公不知兵，其移我部兵自近，而派张令守黄泥洼一带，甚失地利。义军盘踞夔、巫众山之巅，俯瞰吾军营垒。倘若他们自上而下，乘势使气攻击官军，张令部必败。张令一败，次必及我部军。我部军一败，谁又能救重庆之急？"陆逊之大惊，问策之所出，秦良玉言："邵公此时，绝不能坐防坚城，应先发制人，与义军争山夺险。"陆逊之立即把消息转告给邵捷春。邵巡抚倒是知错就改，可惜晚了一步。张献忠起义军于十月初五在土地岭（今重庆奉节草堂镇）率先向窝里斗的明朝官军发动进攻，一天内即杀明军五千多人。次日，张献忠手下白袍小将张玉儿（即李定国）当阵射杀号称"神弩将"的明军老将张令，乘胜把明军杀得一败涂地。不仅张令一军尽覆，秦良玉手下三万多白杆兵也全军覆没，致使最后秦良玉仅单骑逃返重庆，遭遇平生未有之惨败。

此役过后，蜀中大乱。损失如此惨重，秦良玉并未灰心丧气，她对川抚邵捷春说："事态危急，可以尽发溪峒兵卒，人数可达三万，我本人出资出粮可供饷其中的一万人，朝廷供饷另外一万人。如果布置妥当，应该还能与贼寇周旋。"邵捷春低头，良久不言。时势至此，这位文人守抚已全然死心。从他自己角度考虑问题，丧兵失地不说，官仓中已无粮养兵，而溪峒兵卒又属土蛮，反复不测，如果这些人再趁乱闹兵变，他邵捷春三族不保。饱读史书的他，自然知道元末"官军"中纪律最坏的就是杨完者所带领的苗兵，他们那些蛮兵不仅剿贼无力，平时对百姓比寇贼还要凶恶淫毒。所以，溪峒兵卒，难保他们不像苗兵那样。读书多，顾虑就多；顾虑多，定议就少。邵捷春最终婉言拒绝秦良玉提出的计划。

不久，又有噩耗传来，秦良玉独子马祥麟先前被明廷征调到湖广御敌，战死于襄阳。死前，他给母亲写信："儿誓与襄阳共存亡，愿大人勿以儿安危为念！"见儿子绝笔血书，秦良玉泪下如雨，心如刀割，但她乃大义妇人，提笔在信纸上写道："好！好！真吾儿！"秦氏、马氏二族，可称上是二门忠烈，数年之间，死于国事者甚众。秦良玉一心为了国家安宁，中年丧夫，老年失子，惨也！

　　两年过后，公元1644年，李自成攻入北京，崇祯帝上吊自杀。消息传来，深受明恩的秦良玉服孝痛哭，几次昏厥，哀动左右。张献忠流贼此时尽陷楚地，又向四川杀来。秦良玉向当时的四川巡抚陈士奇呈献《全蜀形势图》，希望官军能增兵坚守蜀地十三处险隘。陈士奇不予采纳。秦良玉不死心，又椎心泣血地向四川巡按刘之勃建议，刘巡按倒是同意她的计策，但他本人手中无兵可发。张献忠义军数十万长驱直犯夔州。秦良玉驰援，由于众寡太悬殊，兵败而去。她的失败，标志着蜀地的沦陷。张献忠相继攻克万县、重庆、成都，并在当年年底称帝，建立"大西"政权。张献忠占领蜀地，只有遵义、黎州及秦良玉的石柱地区未归于"大西"。慑于秦良玉威名，张献忠部无一兵一将敢入犯石柱。投降张献忠的明朝官员屁颠颠向各地土司送去伪政权印信，各地土司大多畏惧接受。秦良玉接到印信，马上当众毁之，慷慨言道："吾兄弟二人皆死王事，吾以一孱妇蒙国恩二十年，今不幸至此地步，怎能以残余之年以事逆贼！石柱一地有敢从贼者，族诛之！"

　　顺治二年（1645），张献忠派人送金印至石柱，招降时年七十二岁的秦良玉，秦良玉毁其金印，并慷慨言曰："吾兄弟三人皆死王事，我一妇人，受国恩二十年，官至一品，今不幸国家丧亡，岂可事贼耶！"她不仅下令"有从贼者，杀无赦"，而且还发布一篇具有军事法的《固守石柱檄文》的法令。

　　清朝占据北京后，残余的南明政权相继有弘光、隆武、永历数帝，秦良玉皆与之保持联系。但山长水远，秦良玉本人年逾古稀，不可能再有较大作为。

明王朝崩溃后，秦良玉还接受南明王封赐。隆武二年（清顺治三年即 1646 年），授秦良玉太子太保忠贞侯，赐"太子太保总镇关防"铜印（现存重庆博物馆）。大印底部是篆书"太子太保总镇关防"八个大字，印左上方侧面镌"天字七十三号"六字，印背面一行镌"隆武二年八月日"七字，又一行镌"礼部造"三字。印长三寸六分，宽二寸，厚五分，柄长二寸四分。

1648 年，在西南颠沛流离的南明永历帝派人加秦良玉太子太傅，授"四川招讨使"。久卧病床的一代女豪杰，闻之瞿然而起，拜伏受诏，感泣道："老妇人朽骨余生，实先皇帝恩赐，定当负弩前驱，以报皇恩！"可惜的是，几日之后，秦良玉因病重抱恨而终。顺治五年（1648）五月二十一日，良玉病死在大都督府玉音楼，享年七十有五。其孙马万年把奶奶葬于回龙山，墓碑题文可彰示这位女中丈夫不屈的民族气节和赫赫功勋："明上柱国光禄大夫镇守四川等处地方提督汉土官兵总兵官持镇东将军印中军都督府左都督太子太保忠贞侯贞素秦太保墓。"墓上对联："勤王有明祯，巾帼一人骁将略，袭土服清懿，锦袍帛带仰官仪。"横额"功名一世"。

秦良玉从 26 岁开始带兵打仗，戎马生涯近 50 年，袭土司、宣抚使职 35 年，一生东征西讨，南讨北伐，战功累累，是中国历史上唯一登录正史的女将军，是唯一凭战功拜将封侯女都督。从外国到中国，从皇帝到史学家，从总理到名人、到文学大家、到普通百

现存三峡博物馆隆武赐秦良玉太子太保总镇关防印

姓，都对秦良玉一生英勇事迹进行了高度赞誉。她"忠君爱国、保境安民"的崇高境界，"敢于担当、勇赴国难"的奉献情怀，"英勇顽强、不畏权势"的英雄气概，"不爱钱财，清廉贞洁"的高贵品质，永远值得世人赞赏和铭记！

石柱大都督府效果图

第三节　宣慰使马祥麟及夫人张凤仪

马祥麟（1600—1642），字瑞征，石柱宣慰使。良玉子，白杆兵将领，骠骑将军，指挥使。《马氏族谱·马祥麟传》称其"在襁褓时壮貌岐嶷；及长，雄躯伟干，勇力绝伦，胸罗经史，能诗文，善画"。马祥麟能征善战，随同母亲秦良玉南征北讨。天启元年（1621），同秦良玉率军援辽，于镇守榆关中眼目为流矢所中，忍痛怒拔之，仍征战不已，单骑冲阵俘获渠（大）魁，杀敌无数，被呼为"赵子龙""小马超"，此役后被授以指挥使。同年以战功袭母职，升宣慰使。勤王中，挥笔书"建勋门"，有"海阔从鱼跃，天高任鸟飞"之句，长丈余。改土归流后，笔迹犹存。天启二年（1622），马祥麟随同秦良玉一同平叛，先收复成都，然后回师重庆，马祥麟将敌将张彤、樊龙斩于马下，收复重庆。崇祯三年（1630），祥麟同张凤仪新婚于泌水。张后改名马凤仪，随军征战。祥麟升宣慰使后，代母驻京畿防守，修建大凌河。崇祯五年，与妻张凤仪一起到陕西抗击起义军，后因左良玉兵寡，张凤仪诏至河南协防，与两千白杆兵被困，张凤仪战死在河南林县侯家庄。崇祯七年（1634），马祥麟和秦良玉在奉节夹击张献忠农民军，使其退走。崇祯十三年（1640），马祥麟又和众将在夔门共同阻击罗汝才农民起义军。后又转战河南、湖北。1642年，马祥麟镇守襄阳，在襄阳城被铁桶般围困，明知将战死之时，写信给母亲："儿誓与襄阳共存亡，愿大人勿以儿为念。"祥麟殉襄阳后，良玉心痛至极，在信旁批注："好！好！真吾儿也！"马祥麟与张凤仪无子，后续弦沈夫人结婚后生两子：马万年、马万春。

　　张凤仪（？—1633），又名马凤仪，石柱白杆兵营参将。马祥麟之妻，张铨女。张铨，字宇衡，号见平，沁水人。明朝御史、巡按，于熹宗时与袁应泰同守辽阳，后清军围辽阳，袁应泰劝铨退保河西，铨不从，执意守城。守三日，城破，被执不屈，清军欲杀之，引颈待刃，乃送归署。褫衣冠向阙拜，又遥拜父母，遂自尽。熹宗闻悉，感其忠烈，赠大理卿，再赠兵部尚书，谥忠烈。

　　张凤仪母亲霍氏。崇祯四年，流贼扰乱，大家都请她外出避乱。霍氏曰："避贼而出，家不保。出而遇贼，身更不保。等死耳，盍死于家。"乃率僮仆坚守。贼环攻四昼夜，不克而去。副使王肇生名其堡曰"夫人城"。乡人避贼者多赖以免。

　　因张铨十分欣赏万里随母勤王的马祥麟，故将女儿嫁给了马祥麟。马张二人感情颇深，夫唱妇随。凤仪以母家难，与夫祥麟请援晋。凤仪武健，有母风，效姑男装，以无官领石柱兵，奏报称马凤仪，诸营不知其为妇也。崇祯三年，随婆母秦良玉一同出家财济军饷，万里勤王，英勇奋战，一举夺回被清兵占领的遵化、永平、滦阳、迁安四城，后与丈夫马祥麟驻京防守，修筑大凌河。崇祯五年（1632），朝廷征调马祥麟、张凤仪夫妇赴陕西抵抗起义军，屡破贼王嘉允、王自用等。四月十九日，凤仪邀贼于临洛关。适左良玉兵少，河南贼势张，诏凤仪驰赴河南，夫妻分逐贼，屡立功。后张凤仪率两千白杆兵孤军深入，在河南林县侯家庄被围，张凤仪与两千白杆兵全部战死。乾隆四十一年赐张凤仪"谥节悯"。

第四节　石柱宣慰使马万年

马万年（生卒不详），字嵩山，石柱宣慰使，马祥麟长子，崇祯末年袭父职。遵循祖母训导，勤于土务，立志抗清。顺治六年，石柱土司不给朱容藩粮，朱派谭诣兄弟攻石柱。"容藩部残暴，据内署，烧中厅，焚宗庙，犹进围万寿寨月余"。好在良玉将终时，告诫万年曰："我死，寇必至，城东南六十里万寿山，上平下险，吾新集粮草、火药于此，有警、亟率兵民往避之。"万年按祖母遗训退守万寿寨守月余，敌攻不下而去。时山贼并起，有土豪兵、渣耗兵，诸邑各皆望屋而食，掳掠乡村，唯董二渣耗兵为最。董二梁平人，出入于丰南、驻兵于高歇岭，欲窥石柱南境。《四川通志》卷二十一页载："万寿寨在城东四十里，周围深沟大箐（山谷），四面峭壁悬岩，此山屹然立，明都督秦良玉曾修寨堑，以保涪丰万数万人于此。"谭兵离石，万年整土务，灭山贼，清里甲，严纲纪，一直坚守复明抗清信条。直到顺治十六年（1659），清朝大规模向西南用兵，夔东十三家农民军为保存实力，转川东、鄂西大山区，不久农民军失败。同年，马万年率众投诚清朝，清廷仍授宣慰使。马万年任土宣慰使四十余年。妻李氏。

第五节　秦邦屏、秦邦翰、秦民屏

秦邦屏（？—1621），四川忠州人，白杆兵将领，皇封都督金事。秦良玉长兄。从小受父亲"执干戈以卫社稷"思想的影响，曾与弟弟民屏和妹妹"同习骑射，究心韬略"。秦良玉嫁到石柱后，随妹秦良玉到石柱一同训练白杆兵，曾于1598年与弟秦民屏率石柱白杆兵援朝抗倭，凯旋。泰昌元年（1620），石柱土司奉调援辽，秦邦屏受石柱宣抚使、其妹秦良玉之遣，与秦民屏统率五千白杆兵先行，为夺回被清兵占领的沈阳，在敌强我弱的情况下，白杆兵用白杆钩镰枪的钩钩马脚，刺清兵，和尚兵用大刀砍马腿，杀清兵，英勇无比，敌人闻风丧胆，激战中杀敌数千人。屡战屡胜的清兵方知明军中竟有如此勇悍的劲旅，心生畏惧。正在敌我双方僵持不下时，清兵数万援军赶到。清兵多为骑兵，善于马战，白杆兵多为步兵，不宜平旷之地作战，且敌众我寡，白杆兵渐渐力疲，伤亡颇重。秦邦屏、邦翰率部力战死于阵中，秦民屏浴血突围而出，近两千名白杆兵战死沙场。此役虽未最后获胜，但挫败了清兵的锐气，振奋了明军士气。兵部尚书张鹤鸣奏称："浑河血战，首功数千，实石柱、酉阳二土司功。"秦良玉统率的石柱白杆兵从此名扬天下，令清兵闻风丧胆。朝廷追赠秦邦屏都督金事，锡世荫，与陈策等合祠；秦民屏进都司金书。秦邦屏有两子：秦翼明、秦拱明。

秦邦屏墓在回龙山秦良玉墓园。忠州瘭生、候选儒学训导、参与《忠州直隶州志》编修的伯受中赞颂秦邦屏诗云：文成学化古孙吴，家教当年为帝都，赵括父书千万变，浑河血战弟兄孤。先朝世荫归功首，圣代纶褒起懦夫，廷弼封疆多少憾，可怜叶相也模糊。

秦邦翰（？—1621），四川忠州人，白杆兵将领，皇封都督金事。秦良玉次兄。自小与兄弟及妹妹一同习文练武，后随秦良玉到石柱训练白杆兵，天启元年受石柱土司、宣抚使秦良玉之托，随兄邦屏、弟民屏率五千白杆兵援辽抗清，任副总兵。在1621年浑河血战中战死，后授都督金事。墓在回龙山秦良玉墓园。

秦民屏（？—1624），四川忠州人，白杆兵将领，守备，副总兵，都督同知。秦良玉弟。幼时曾与哥哥秦邦屏及姐姐秦良玉共习行伍攻防之道。秦民屏于万历二十七年平播之战初露锋芒。泰昌元年与兄邦屏、邦翰率五千石柱白杆兵援辽，被授守备之职。天启元年（1621），浑河血战"负重伤突围"而晋都司金书职。同年，四川永宁土司奢崇明叛乱，秦民屏奉秦良玉之命，提调石柱白杆兵进击占据重庆的奢氏女婿樊龙，又率兵攻取四川安岳、乐至等县。还军重庆时，秦民屏"擒贼将樊虎，杀黑蓬头，夺取二郎关，又夺回佛图关"，后晋职副总兵。奢崇明逃往贵州水西，勾结水西土司安邦彦，兵围贵阳，独霸一方。1624年天启三年闰十月，王三善力排众议，会师继剿安邦彦。自将六万兵渡乌江、进黑石，连败叛军。叛军驻漆山，王三善募壮士逼近漆山，殊死决战，安邦彦败走。王三善会师官兵渡渭河、抵大方，捣安邦彦老巢，安邦彦同其母奢社辉败走火灼堡，安邦彦逃窜至织金。贵州总督杨述中加升随征参将秦民屏为副总兵官、领兵都司王观国为参将，同游击李犹龙、王尚德等数名将官率兵穷追逃窜的叛军。同月乙未，朱燮元塘报：李仙品、刘可训率官兵于龙场坝将奢崇明父子巢穴上下两街旧衙放火焚毁，奢氏父子栖址无定……遵义路副将秦衍祚（石柱土司将领）率兵攻打茶园、横山青等处，俘获奢崇明伯父奢河东、蜡仇父子三人，大头目四名，苗籍三百八十四；生擒伪总兵官王朝臣及夷苗七十九名；招降高寨大头目王廷、彭家营头目赵汝安及蛮夷四十余名。

十二月，王三善会师十万于明宗渡，分五路进兵，叛军败退。官兵追剿渡河，复渡乌江，七战皆捷。翌年正月，王三善屯兵大方，因粮饷耗尽议班师，降将陈其愚暗中输情于叛军，叛军知情后一面派轻骑疾进设伏，一面尾追掩杀。副总兵秦民屏所部负责殿后，且战且退。在簸箩箐遇伏兵侧翼攻击，后军被截断，遭分割包围。民屏奋勇杀敌，血染战袍，身受数枪而阵亡，其子佐明、祚明带伤冲突出重围。王三善见后军被截，回兵相救，陈其愚（安邦彦所派奸细，诈降官军以做内应）故意纵坐骑冲王三善坠马。三善知有变，急解印授付家将带走，己则拔剑杀敌，旋被叛军包围，遂自刎，叛军割其首去。同知梁思泰、主事田景猷等一百二十余将官皆战死，士卒死伤无数。秦民屏后被赠都督同知，立祠赐祭。墓在回龙山秦良玉墓园。忠州秀才、《秦氏家乘》编修助理秦士选有诗云：志在忠君下泽民，惟知殉国一轻身，乾坤正气心无屈，青史仰瞻社稷臣。

第六节　秦翼明、秦拱明、秦佐明、秦祚明

秦翼明（生卒不详），四川忠州（今属重庆忠县）人，总兵官。父亲秦邦屏为明末著名抗清女将领秦良玉的兄长。翼明从小便随同父亲秦邦屏和姑母秦良玉南征北战。秦良玉与民屏从榆关（山海关）驰还，抵家仅一日，奢崇明与党羽樊龙返重庆，派樊定邦赍金帛结援。良玉斩其使，即发兵率民屏及邦屏子翼明、拱明溯流西上，渡渝城，扼守重庆南坪关，扼贼归路。派伏兵袭两河（长江、嘉陵江），焚其舟。分兵守忠州，驰檄夔州，令急防瞿塘上下。良玉上其状，授民屏参将，翼明、拱明守备。因奢崇明围成都急，巡抚朱燮元檄良玉讨。时诸土司皆贪贼略，逗留不进。独良玉鼓行而西，收新都，长驱抵成都，贼遂解围去。良玉乃还军攻二郎关，民屏先登，克佛图关，复重庆。良玉初举兵，即以疏闻。命封夫人，赐诰命，至是复授都督佥事，充总兵官。命祥麟为宜慰使，民屏进副总兵，翼明、拱明进参将。良玉益感奋，先后攻克红崖墩、观音寺、青山墩诸大巢，蜀贼底定。复以援贵州功，数赍金币。

崇祯三年，永平四城失守。良玉与翼明奉诏勤王，出家财济饷。收复四城后，下令良玉回石柱专办蜀贼，派翼明驻近畿，第二年筑大凌河城。翼明以万人护筑，完工后命撤兵还乡。崇祯七年，流贼陷河南，朝廷加翼明总兵官，督军赴河南征讨。第二年，邓玘死，因所部将都是四川人，全部划归翼明部队，翼明率队连破贼于青崖河、吴家堰、袁家坪，扼贼走郧西路。由于翼明麾下部将连败，不以实闻，翼明败之青石铺。贼入山自保，翼明攻破之。连破

贼界山、三道河、花园沟，擒黑煞神、飞山虎。贼出没郧阳襄阳之间，帝以郧、襄属邑尽残，罢阼土，切责翼明，寻亦被劾解官。

第三次勤王抗清以及对农民军李自成、张献忠等围剿行动，因为多次打了胜仗，一直被升任四川总兵官，但是由于四川栈道被农民军梗塞，任命其为总兵官的命令并没有传达到四川。到了隆武政权时期，被封为威通伯。后于清顺治十六年与秦良玉之孙马万年等投降清。有二子：鸿学、鸿业。墓在回龙山秦良玉墓园。忠州廪生伯受中有诗曰：父子西川百战身，四城复后汉江滨，可堪杨左千军将，难扫襄郧万里尘。末路功翻同下考，总戎诏莫到南宾，一门忠孝患难弟，如此家声古几人。

秦拱明（？—1631），四川忠州人，秦邦屏次子，白杆兵将领，副总兵。先后多次跟随姑母秦良玉夫妇参与石柱白杆兵的军事活动。天启元年（1621），奢崇明与党羽樊龙反于重庆，秦拱明奉姑妈秦良玉之命参与平奢之乱，秦拱明领兵四百袭击两河口（长江、嘉陵江），擒杀敌将沈林，烧毁船只千余条，缴获敌船八百条。此役，秦拱明晋职参将；后又以红崖墩、观音寺、青山墩等讨奢大捷和兵解贵阳之围而功升副总兵。崇祯四年（1631），"拱明值阿迷州土司普名声反明之乱，被战死，赠恤如例。""乾隆四十一年（1776）赐谥烈愍，祀忠义祠。"

秦佐明（生卒不详），秦民屏长子，白杆兵将领，参将。天启三年（1623），贵州水西土同知安邦彦与奢崇明共同背叛明朝，围困贵阳。佐明与父亲秦民屏和弟弟祚明一同前往平叛，从而开始军旅生涯。此役秦氏兄弟与其父追随黔抚王三善解贵阳围困，在贵州平越大破水西土司叛将安邦彦。后因王三善为降将陈其愚将其撞下马受伤而自刎，民屏在贵州大方受困，救援不及，战死簸箩箐，兄弟两人皆受重伤突围。后赠封民屏都督同知，佐明、祚明授参将职。

秦祚明（生卒不详），秦民屏次子，白杆兵将领，参将。天启三年（1623），贵州水西土同知安邦彦与奢崇明共同背叛明朝，围困贵阳。祚明与父亲秦民屏和哥哥佐明一同前往平叛，从而开始军旅生涯。此役秦氏兄弟与其父追随黔抚王三善解贵阳围困，在贵州平越大破水西土司叛将安邦彦。后因王三善为降将陈其愚使计撞下马自刎，民屏在贵州大方受困，救援不及，战死簸箩箐，兄弟两人皆受重伤突围。后赠封民屏都督同知，佐明、祚明授参将职。

第七节　智先长老

智先长老（生卒不详），俗姓余，石柱白杆兵罗汉营首领，三教寺住持。智先与三兄弟庙宇的和尚兵共五百多人，组成罗汉营，跟随秦良玉南征北战，东讨西伐，立下赫赫战功。解永平四城之危后，秦良玉凯旋进京，皇帝召有功将士上金銮殿论功行赏。秦良玉心想，机会到了！便叫过智先，如此这般地劝说了他一阵。大家上殿，参见崇祯皇帝。崇祯皇帝赐良玉彩帛羊酒，赋诗四首表旌其功，加翼明为总兵官，一个个将军都封赏了。轮到智先和尚，皇帝封他为柱国禅师，他一口拒绝；奖他金银珠宝，他也婉言不受。这时，在帘后观看的皇后心想：这个和尚才怪呢，僧官不当，金银不要，珠宝不收，他要什么？便卷起帘观看。智先一见珠帘晃动，知是皇后，顿时喜笑颜开。皇帝见他发笑，深感奇怪，回头望见皇后，心里一下明白了：和尚也是人，也有七情六欲，于是戏谑道：
"你这也不要，那也不要，莫非要女人？"智先当即回答："谢主
隆恩！阿弥陀佛！"秦良玉及众将也高呼："吾皇英明！"

崇祯皇帝问："你要哪个女人，是要寡人的金枝玉叶，还是要
宰相的千金小姐？"智先不便回答，秦良玉出班奏道："启禀皇
上，末将身边有一女校尉，能文能武，智勇双全，品貌端正，名唤
范雯，可配智先法师，请圣上恩准！"

崇祯皇帝闻言，下旨谕道："天下和尚万千，孤准智先一人，
娶妻生男育女，四代沐浴皇恩！"秦良玉一听急了，皇帝没允许
智先还俗为将，只准他娶妻，而且只是四代沐恩，这怎么行？她
灵机一动，右手拉住智先、左手拉住范雯，一齐跪下，行礼高呼：
"范雯智先谢主隆恩！皇恩浩荡、无尽无边，世世代代，沐浴皇
恩！"皇帝一高兴，忙说："对，对，世世代代，世世代代，沐浴
皇恩！"下旨智先、范雯金殿成婚。

智先虽没还俗为将，但担任了三教寺的长老，与范雯常带僧
兵，随秦良玉征战。他们结婚后，生了两个儿子，一个叫祖刚，一
个叫祖强，并在三教寺后山重修庙宇，取名三台寺，现遗址犹存。
后来，他们的儿子祖刚任三教寺住持，祖强担任了三台寺住持，并
娶妻生子，代代相传。至今，在石柱仍流传着一句妇孺皆知的歇后
语："三教寺的和尚——有家有室。"在三教寺玉皇殿的墙壁上，
还题刻着一首诗："富贵功名不足论，智先明代受皇恩，世培三教
传今古，古琴古瑟传范雯！"

第八节　石柱同知陈思虞

陈思虞（？—1633），世袭奉议大夫、石柱同知府同知，总兵。万历十六年（1588）川贵总督兼军备使邢调取思虞白杆兵1000名，征剿杨贞岩一带番贼，……提升白杆兵首领陈思虞为总兵，冲锋贼大溃，聚海龙囤，赢得上司嘉奖。

明万历二十七年（1599），播州宣慰使杨应龙反明，受钦差总督川贵军务兵部左侍郎兼都御史邢调遣，遂亲率1000余名白杆兵与马千乘、秦良玉一同讨播。在总兵刘綎麾下为先锋，攻打杨真岩、养马城、破娄山关、复攻海龙囤，陈思虞亲领冲锋兵300名先登入囤，平播有功，得到刘总兵嘉奖。

天启元年（1621）奉调陈思虞900白杆兵与秦良玉一同援辽，至清军已退，率师回石。又闻奢淫、奢崇明永宁起事叛明，其党羽樊笼、张彤杀巡抚徐可求等官员40多人，据渝城，急调思虞率白杆兵4000星夜进伐，在石航场与贼一战，奢贼溃败，退守寸滩一碗水，陈思虞率兵乘胜追击，攻打千厮门，捅伤叛将樊虎。思虞军屡战屡胜，堵奢贼入重庆，思虞领兵休养于珊瑚坝，把守重庆南纪门、通远门以绝奢贼出入。与秦良玉白杆兵一道，攻南纪门，活捉叛将总兵梅位。全歼奢贼，平息重庆奢贼叛乱，蒙赏花红、银400两、赐匾书"麟阁流芳"一块，授思虞参将衔。

天启二年三月（1622），四川总督朱调思虞领白杆兵4000征剿窝子巢一带流贼，至合江石子岭与贼相战，贼溃奔马克桥、酉儿囤、三岔一带，又进打保马、瓦岗寨，入海沙囤、嘴儿岗，酋首阿强、将领罗宗富、罗宗兴投降。功成，蒙赏"崇文广武"匾和金银、彩绸等。

崇祯元年，兵部侍郎黄通谕思虞入朝觐见，授奉议大夫石柱宣慰司同知，回石柱后培修鼓楼寺，崇祯五年腊月初六日病故。由胞弟陈治宣袭替。

另外，石柱白杆兵其他姓氏将领还有都司胡明臣与秦篆、裨将秦永成、秦衍祚及秦永祚，先锋谭稳等，均有万夫难挡之勇，在平叛镇乱和援辽等战事中有赫赫战功，有力支持了石柱土司的军事斗争，维护了一方稳定。

第五章　白杆兵的后勤保障

　　白杆兵的后勤保障，包括兵器、白杆兵的吃穿、战地救护等，是保证白杆兵战斗力的最基本的物资需要，关系白杆兵的生死存亡。石柱白杆兵鼎盛时，有五六万人，而且到辽沈、北京、遵义打仗，都是上千公里，所以，后勤保障是白杆兵赖以生存的基础，且白杆兵的后勤保障耗资巨大。外加白杆兵参与平播、北京勤王，好几次都是秦良玉变卖家财济饷，自裹粮草，充分说明当时石柱土司是非常富裕的。据《石柱县志》1992 年版载："石柱明清时期，有锌、铁、铜、煤的开采、冶炼，有纺织、缝纫、弹花、造纸、土陶、金音石砚、丝烟、糕点、竹木和酿造、榨油、推粉等小手工业。""土司时期纺纱、织布、印染、建筑、雕刻、金银器皿、金音石砚等生产和工艺已具一定水平。"说明石柱土司时期生产力水平还是比较发达的。

第一节　白杆兵自给自足

一、丰饶的自然资源

　　石柱白杆兵所在地石柱有丰富的自然资源，包括军队所需粮草、药材以及打造兵器所需的煤、铁、硝黄等矿产资源。

（一）土地资源

石柱地处巫山大娄山中山区，境内地势东高西低（最低海拔119 米，最高山峰海拔 1932 米），山岭连绵，峡谷众多，溪河密布。七耀山、方斗山近乎平行排列，沿南北向纵贯全境，形成"两山夹一槽"的主要地貌特征。石柱属中亚热带湿润季风气候区，四季分明。春早，升温快，但不稳定，有寒潮；夏长，无酷热，多伏旱；秋短，有低温，多绵雨；冬迟，无严寒，少雨，有霜雪。随着海拔高度的变化，气温相差较大，立体气候明显。丘陵区主要生产粮食，开垦的田地最多，水稻、玉米、豆类、薯类种植历史悠久，能生长春秋两熟的稻谷、小麦、豆类、薯类等，产量较高。低山区牧草资源最丰富，开垦的田地也很多，发展粮食生产的条件也好。中山区以森林为主，生产各种中药材，间产粮食、牧草。

（二）矿产资源

据《石柱县志》载："石柱的矿藏资源，已探知有煤、天然气、铜、铅、锌、银、镉、铝土矿、金、硫铁矿、磷、含钾岩石、石灰石、石英砂岩、大理石等二十多种。""石柱县原煤贮（储）量为 12353 万吨。""石柱县有沉积铁矿，分布在方斗山、七曜山背斜两翼，储量 1606 万吨。""石柱铅锌矿，主要分布在木坪乡老厂坪、都会乡洗脚溪等地，储量 122 万吨。其中氧化矿石 82.6 万吨，原生矿石 39.4 万吨。"石柱境内出露的石灰岩很多，喀斯特地貌随处可见，溶洞很多，洞内之土可以熬硝，有硝则可制成火药。

七曜山、方斗山两山煤、铁、铅储量丰富，到了明朝中后期开采渐具规模。据《石柱厅志》记："明成化十八年，四川巡抚孙仁奏：'石柱岁办铜矿，得五千一百三十斤。'民间用铁、大山坪旧存数十厂。硝供军火，旧额千斤零，水运渝局，后军兴递增，月解三千斤。乾隆年间，最高年产达三十万斤。"《石柱县志》记："明正统间（1436—1449）石柱开采煤、铅等矿已具规模，改土归流后，开采铜、铁、煤、硝等项目越多，规模越大。""石柱人织斑布为衣，家织斑布，散卖诸落，以为恤业。"川盐入土司境，雇力夫背运至咸丰、来凤等地，为"施州蛮以粟易盐"。石柱土司境内的采矿业已成一定规模，可以确保白杆兵所需兵器制造的材料供给。

（三）药材资源

石柱是山区，野生中药材极为丰富，1979年石柱普查中药材资源，有药用植物1700余种，如黄连、天麻、党参、泡参、苦参、玄参、白术、白芍、天冬、麦冬、大黄、半夏、香附子、紫菀、花粉、黄精、续断、当归、白芷、白芨、牛膝、山药、云木香、独活、防风、赤芍、首乌、草乌、粉葛、南星、常山、射干、土茯苓、骨碎补、威灵仙等。动物药类有30余个品种，如豹骨、猴骨、牛黄、麝香、水獭肝、龟板、鳖甲、紫河车、僵蚕、脆蛇等。石柱黄连更是品质优良，蜚声世界，唐时曾为贡品，元时开始人工栽培，清代开始出口东南亚。土家族人民在数千年生存过程中，积累了丰富的中医药治疗经验，用司境出产的中草药，既能祛病健体，又能疗治创伤骨伤。

（四）人力资源

石柱由于建县较早，历史悠久，地理位置适中，受到长江文化与乌江文化、汉文化与土家文化的交融碰撞，文化基础根深蒂固，文化种类名目繁多，各种人才各尽其用。所以，从明开始，炼钢炼铁炼铜炼锌，自制刀枪，自制火药，都比较成熟，当年的矿渣、冶炼场地、陶瓷冶炼罐至今犹在，被列为国家级保护遗址；明末，石柱广泛开展军屯（由军户耕种土地，以供军粮，且耕且守，称为军屯）、民屯（雇土民、汉民耕种田土，兼守土守境之职，是为民屯），粮草丰富；土汉儿女通过巴盐古道直通湘鄂，商贸往来兴隆，部队所需的棉花棉布、盐巴等军需物资能得到有效供给，同时，自己纺花织布，自制兵服。天启元年，秦良玉用自制寒衣 1500 件慰问浑河血战退下来的白杆兵，当年白杆兵在石柱县城纺纱织布的棉花坝、线子市等地名沿用至今。崇祯三年，秦良玉勤王有功，崇祯在平台召见秦良玉，赐诗四章中，其中一首第一句就是"蜀锦征袍自剪成"，说明石柱白杆兵自制兵服得到了当朝皇帝的肯定和赞许。崇祯三年，白杆兵到北京勤王，驻地棉花胡同（四川营）地名至今沿用，是因为秦良玉平日精练的五百女白杆兵（亲兵），行则男装，止则复故，暇仍督之纱绩，留下了"至今秋雨秋风夜，仿佛筘声杂纺声"的情景再现。这些，充分说明石柱县各类人才兼备，基本能自给自足。

二、亦兵亦农的生产方式

（一）用时为兵散则为农

石柱土司除设置极少量的脱产专职白杆兵外，其余白杆兵在有战事的时候参战，没有战事的情况下，均须从事耕耘，"用时为兵，散则为农""农时耕耘，农闲练兵"。土司给每名白杆兵都划拨有田地，白杆兵都是青壮年，是土司境内的主要劳动力，让他们从事耕耘，能够生产大量粮食。石柱白杆兵自耕自食，自给自足，妥善解决了庞大的白杆兵队伍的粮草供给问题，减轻了土民的负担。

（二）驻防卫所轮换耕作

石柱土司所设置的脱产专职白杆兵，主要是司署卫队和卫所驻兵。司署卫队常年保卫司署，卫所驻兵保护边境哨卡，节制九溪十八峒的土司政权，是常设机构，配备有一定数量的专职白杆兵常年驻守。他们轮换值岗、轮换耕作。土司在司城或各卫所附近，均专门划拨田地，归司署卫队或卫所驻兵所有，令其自耕自食。

（三）战时入营闲时归寺

明末时期，石柱土司境内有大小寺庙近百座，有僧尼近千人，仅县城建有庙祠48座。县内有著名的三教寺、南城寺、石峰寺、银杏堂，各寺庙均有庙田庙地，有的是土司划拨的，有的是信众捐赠的。为充分挖掘人力资源，秦良玉专门组建了罗汉营，有罗汉兵五百人。打仗时，罗汉兵随营出征。战争结束返回石柱后，罗汉兵各自回归自己的寺庙，耕种庙田庙地。各寺庙自耕或雇民耕种庙田庙地所产的粮食，既要供寺庙僧众食用，还要广设粥棚赈济难民和灾民。

（四）先进技术优良品种

明末，土司秦良玉从忠县引进许多较为先进的耕种技术，比如改良种子、堰渠灌溉、除草施肥等，提高了粮食单产。同时，鼓励土民在山坡地里种植玉米、高粱、薯类、豆类等耐旱易长之作物，多样化种植，增加了粮食总产量。

在战乱频发的明末时期，据有关资料记录："甲申（1644）秋后，民耕废稼，赤地千里，至是斗米二十金，荞麦斗八金，久之并无售者。""丁亥，四川大饥，民互相食。米一斗银十余两，嘉定州三十两，成都重庆四五十两。"全国、全川都处于战乱灾荒之中，唯石柱土司境内社会安宁，经济发展，供应充足，物价稳定。铁壁和尚日记中载："（石柱）价斗米银二两……"梁山（今重庆梁平区）《破山禅师语录》记有："顺治元年甲申，蜀江北岸，遍地干戈，惟南岸山溪险危，兼有土兵御侮……风土人情，更觉淳厚，可为安民之地。"正因如此，"忠（县）丰（都）遗黎襁负来依者，计十数万家"。秦良玉妥善地解决了石柱土民及十数万家难民的生计。据《破山禅师语录》载，当时的石柱还能做到"有客访，随家丰俭而已"，客人到来，还能得到款待。铁壁和尚主持的青山寺每天有三百流民皆往就食，供给甚周，证明当时石柱土民的粮食尚有节余，也说明了石柱土民诚朴淳厚，热情扶助难民。此外，开仓放赈，以救急难。石柱土民勤劳质朴，他们辛勤耕耘，无灾之年多有节余。历年余粮存于官仓和民仓之中，官仓之粮为战备之粮，民仓之粮为防灾之粮。大量难民涌入石柱后，秦良玉开仓放赈，让背井离乡、扶老携幼而来的难民有粮果腹。忠州治平寺方丈铁壁和尚避难到石柱，在日记中写道："丁亥戊子两年，石柱土司督府秦良玉朝夕相问，馈粟辄以百石计，绮纨制衲之衣……（石柱）价斗米银二两，流民馑于道者皆往就食。"

第二节　出征时朝廷拨付

由于这方面资料较少，只能从有关奏章上窥其一斑。石柱宣抚使秦良玉悉知援辽募兵还未作战便纷纷逃散之情，《明实录》卷五九四载石柱宣抚使统兵女官秦氏上疏奏曰："臣蒙皇上加臣并子以土汉援将三品服色，加臣兄弟邦屏、民屏都司守备职衔，一家受此鸿恩，敢不捐躯图报。惟是臣所将之兵只三千三十员名，又自成一类，恐军声不甚振，欲将在川白杆兵三千五百余名，陆续前来，共成一臂之力。然后请皇上假臣战车，给臣火器，半兵半马，奇正相兼，惟经臣指纵。又臣白杆兵自川抵辽，一概计费，每名不过四两，比照川将周世禄、湖广土司彭元锦所领土司兵安家之例，况安家银两，名为安家，实与各兵备置器械，以御敌用。臣兵跋涉万里，若非器械颓损不堪，何敢喋喋比恳。尚蒙允臣续调，必先颁赏安家，以鼓前军之气，而结后众之心。臣志得展，忠义得申。"

据《明熹宗天启实录》卷一二载，天启元年七月，四川石柱司加衔守备秦拱明（邦屏的次子）奏："父邦屏奉命援辽，尽卖家产，以为军资。沈阳之役先登杀贼，父既齑粉，而三十口妻孥留滞京华，行乞求助，乞给赏所废金以赎产业。其重庆卫所与臣接壤，乞查驳拨二三十顷，以赡孤寒。更念同父阵亡部落，从重给恤。"部复："绝军屯地，抚案查明无碍，给作祭田，其优恤银照例给散。"报可。

《明书》卷一八载："秋七日，庚子，优恤援辽死难四川石柱宣抚司秦拱明，给重庆地三十顷。"

一、薪饷司，卷16，《覆四川入援秦兵饷例疏》

题为恭报督发秦兵起程日期并奏给粮饷数目事。

专理新饷山东清吏司案呈，崇祯三年十二月十五日，奉本部送户科抄出，四川巡抚张论题前事等，因本年十二月十四日奉圣

97

旨，据奏石柱、松潘各兵起程日期，并给粮数目知道了。续解备用饷银俟兵到日查销，该部知道，钦此。钦遵抄出到部，送司案候间，续奉本部送据四川，入卫总兵官秦良玉呈为应诏勤王事内称，卑职奉调入卫，本省给行粮官兵七千五员名，自裹兵二千，共九千零五员，战马三千匹，今于十二月十二日至庆都县等，因到部送司除解备用饷银，俟到日查销外，所有各兵应用粮饷，相应酌议，题请案呈到部。该臣等看得总兵秦良玉等愤激奴氛，率兵入卫，以素练之旅效勤王之义，忠勇慷慨，殊可嘉尚。但师行粮从，其应给粮饷，有不可不预。为酌定者查据该抚所报则例，每兵日支四分五厘，五日一小赏，每名一分；十日一大赏，每名二分，通融计算是每兵日支四分八厘也。念其万里从征，俟抵京日，合无每日准给银五分，酌为定例，于途次而量行加增，合行月而一之，似亦适中之制也。其应否增损，仍俟圣明裁夺奉行，至于抚臣前报秦良玉下官兵三千三员名，今据良玉报称有自裹兵二千名，若合以秦翼明之三千，频溢于抚臣所报之数，夫云自裹，则为义兵，必属裹粮而从者，应否再行出给粮饷，宜听枢部酌议，非臣部所敢越俎而问者也！既经该抚具题前来相应复命，下臣部移文兵部及该抚，并秦总兵遵奉施行，崇祯三年十二月十七日具题。本月十二日奉圣旨：石柱等兵到日，着兵部验明实数，具奏日支饷额并行酌议还查，先年此兵入援给饷规则来看，钦此。

二、薪饷司，卷 17，《太子太保户部尚书淄青毕自严视题议石柱秦兵饷额疏》

题为恭报督发秦兵起程日期并奏给粮饷数目事。

专理新饷山东清吏司案呈，崇祯三年十二月二十二日，奉本部送户科抄出，本部题覆前事十二月二十日奉圣旨：石柱等兵到日，着兵部验明实数，具奏日支饷额并行酌议还查，先年此兵入援给饷规则来看，钦此。又，该四川巡按御史马如蛟会题同前事十二月三十日奉圣旨：石柱等兵，已有旨了。其给过粮饷数目，着与查销，该部知道。钦此！钦遵抄出，到部送司除验兵事宜，随该本部咨行，兵部遵照外，查得先年石柱等兵入援之时，其粮饷俱系关外，督司支给，本部无从查考。当即札行川省押兵监军道副使赵弘道查报，去后续奉本部送准兵部咨为军务事，该兵部题前事十二月二十七日奉圣旨：朕验过石柱等兵，整壮堪用，知道了。其自备兵数并着一体开粮，户部速遵前旨，查旧例来看，钦此！遵移咨到部，又准兵部咨为应诏勤王等事。据四川石柱司总兵秦良玉申称，本司奉调入卫官兵九千零五员名，已奉旨点阅。除沿途溺水病故外，实照点八千八百一十五员名，所有应给粮饷，今蒙查议则例，如依辽东则，辽东例可查；如依川兵月粮安家、花布、草料等项，则川例可据。但司兵俱属土著，从十月初二在四川领七千五员名，止领六十日行粮，扣至十二月初二日止。今以十二月十八日抵京，照前扣，已多行一十六日。押兵赵副使议以解部银那给本司，未领合无请给。其自裹兵两千名行粮，原系自愿报效，不敢更议等因，具申兵部移咨本部，烦照咨文事理，将石柱司官兵所呈川辽事例查议酌给，其途中未领十六日行粮，准于赵副使解部银五千二十九两内补给等因，到部俱送，到司议复。间又奉本部送据四川监军道、赵弘道呈称，石柱援辽月粮规，则先年原非本道衙门监督，并无底案可查，而石柱曾经入援，业已领过，旧例见存，及行查再四，该

99

司又不肯据数回复，无凭呈报等因。又据该道呈称，副总兵秦翼明兵，计程计日两月之外，又行十三日，业遵抚院宪檄行令督饷，通判杨世功同解官陈继簪于解银七千两，内插照原支，则例补给一千九百七十两九钱八分五厘。至于石柱之兵，于十月初六日起行，十二月十八日抵京，亦多行十二日，应照例补给。但准总兵秦良玉手本回称，只领过两月之粮，余日自备。解部之银，岂敢挪移，不肯支领？此该司捐资，急公之义，殊可嘉尚，而未领十二日之行粮，应否补给？是在本部酌夺等因，到部奉批。副将秦翼明之兵，既经补给行粮一十三日，则总兵秦良玉之兵，其当一体补给无疑矣！该道即行照例于原解存剩银内给发，据实开报奉批到司，相应一并具覆案呈到部，该臣等看得西蜀石柱、松潘之兵，夙称骁健，今万里从戎，锐志吞胡，诚当厚其粮糗，用鼓敌忾，只以臣部支给援兵饷例，每日止行粮一升五合，盐菜银三分，昨臣部，念其兵属土司，原无月粮，故将行月合而为一，每日题给五分，视之该省途次，所给每日四分八厘，盖已稍从优厚。乃蒙皇上柔嘉远人，唯恐饷额菲薄，有辜援师之念，着臣部查此兵，先年给饷规则，真足以投醪挟纩之恩矣！但先年川兵入援饷例已札，该道查敷，未据回报，臣部恐其饔飧，不给卒岁无资业，于抵京之日照例给发行粮、料草，又于十二月二十九日札发秦良玉兵饷九千两，秦翼明兵饷三千两，以安即次，以便徂征。今准兵部咨文谓良玉援川兵、辽兵之例，欲臣部裁酌取衷，及查川兵彼处月粮、银米，每月不过九钱，抚臣刘可训虽借饷措发，为数稍厚，然臣部所发者不过行粮、盐菜已耳。其所借饷银，日后仍应补还，原不得援以为例者也。至于辽镇步兵，每月支银一两四钱，米一斛，载在新定关宁经制。今石柱、松潘之兵，既用剿奴恢辽是即，以客为主，而与辽兵等矣。况据该司申文，亦欲照辽兵给饷之例，合无与辽兵一体支给，每月该银一两四钱，米五斗，共成一两八钱之数。如不愿领米者，给银四钱，行坐总有此数，庶厚薄适中，饷有画一之规，兵无不均之叹，于以资饱腾而张，挞伐不难也。又查该省原解银七千两，除秦翼明补支十三升，共银一千九百七十两九钱八分五厘外，其剩银五千二十余两，据该司呈请找补，十六日据该道呈称，应补十二日，似当照秦翼明之例一体找给。十三日所当按实在之兵照数补给，以恤其私，而该省所齎行粮亦且尽矣。此外，即欲增加，亦自无从措处者也。至于自裹，实在兵一千八百一十名，应给饷银合以到京之日为始，一体开粮，无容再议，恭候命下臣部移文各该衙门遵奉施行。崇祯四年正月初五日具，题本月初七日奉圣旨：据奏石柱等兵发过粮料并饷银数目。知道了，今调赴关外依议照辽镇步兵例给饷，其途中未支行粮，既找补十三日着于该省解部银内给予，至自裹兵丁俱以到京之日为始，一体开粮，该衙门知道。钦此。

三、《题定秦兵饷例不准盐菜花布疏》

题为臣部供亿如额秦兵索讨无厌恳乞，圣明裁示以便遵守事。

专理新饷，山东清吏司案呈，崇祯四年正月初九日，奉本部送户科抄出，本部题为恭报督发秦兵启程日期，并凑给粮饷数目事，本月初七日奉圣旨。据奏，石柱等兵发过粮料并饷银数目，知道了。今调赴关外，依议照辽镇步兵例给饷，其途中未支行粮，既找补十三日，着于该省解部银内给予，至自裹兵丁，俱以到京之日为始，一体开粮，该衙门知道。钦此！钦遵抄出到部行间，准兵部为恭报川兵已到畿南事内称：该部题前等因，正月初六日奉圣旨：这石柱兵依议付秦翼明并领挑选七千员名，同松潘兵赴关进取着加，与总兵职衔功成之日，以流官升叙松潘，既系官兵准照川兵例，给予安家银两，石柱土兵量给一半，俱着该部先行措发檄令，该省星连解补余兵，着秦良玉督同伊子领回，该司还量加一级，以示风励，该衙门知道。钦此！钦遵拟合就行，为此，合咨贵部烦照本部题奉明旨内事理，即将松潘官兵三千三员名，每名给安家银司粮；石柱土兵七千名，每名给安家银二两，希速措发以便调发。关门仍移文，四川抚按将前银星速补解等因到部，又准兵部咨为恳乞备达，循例请赐盐菜银两，以济蓟战阵。事内称，据松潘副总兵秦翼明呈前事，烦将秦翼明官兵三千三员名，盐菜银两照前入援川兵事例，一体给发等事，因到部又据秦翼明呈同前事奏批，既请安家，又请坐粮行粮盐菜，并请布花愿，欲一何奢也！新饷司查议批送到司，除将石柱、松潘官兵业经札库，自十二月十九日起至正月终止，共发饷银二万二千二百四十六两一钱一分，共发过米三千九百五十四石六斗豆，一千四十五石二斗草，三万四千八百四十束，又秦良玉支安家兵七千名，每名二两，共银一万四千两。秦翼明支安家兵三千三员名，每名四两，共银一万二千一十二两。本部之于二营官兵可谓竭蹶供亿，无敢后时矣！其所请分外布花盐菜万难久从，相应具题案呈到部。该臣等看得土司兵马万里入卫，臣心壮之，而逆知其骄悍之性，未易驾驭也。甫至城下，臣即先为供应，及奉有明旨查食粮则例，即行移会。而彼即援川兵、辽兵之例，志在优厚矣！臣反复酌之，既屯驻关外，自应照关宁步兵之例，每兵一两四钱，而将官月廪亦照一体之例，不敢有异同也。具疏入告，奉有谕旨，凡应给本折粮料草束息，从去年十二月十九日始给，至正月终矣。及兵部以安家代题奉旨咨会，欲令臣部照例给发矣。夫安家一节，原非应给之数，若果当给川中即与之矣。兹臣部仰体圣旨，念土司之兵与别兵稍异，非再与以安家以鼓壮勇往不可，是以即照数借给，而不敢拂也。既与月饷，又给安家，可谓破格。不料贪心无厌，索求无已。而秦翼明径以布花盐菜请领于臣部，也不知月饷一节。臣部原议照关宁步兵月支一两四钱，米一斤，极为优厚，再索盐菜，是比关宁而且过之，恐不可为训也。至于援兵之有布花，是我皇上轸念久戍备冬之苦，故载授之衣，而为此挟纩之恩耳！今春日迟矣，过时而找补，有是理乎？兹念爰方启行，糇粮宜裕，再议预给半月之粮，以壮行色，而速徂征，仍于关门截日，扣除凡应发者，臣无不竭力以供。而此盐菜布花，诚属分外求索，万难唯唯而曲从者。伏乞敕下兵部传谕该镇官兵，用思勤王之义无为奢望之求，则军务、饷务，良有裨益矣！

崇祯四年正月二十四日具题。本月二十七日奉圣旨：这石柱等兵念其万里入援，安家月饷已从优，给远着兵部传饬，秦翼明约束兵丁，鼓义自效，果有成劳，恩赏不靳，毋得轻徇奢望，纷纷援请其预给半月饷银，依议行。该衙门知道。钦此！

四、《题覆奖励土司捐输疏》

题为输饷报国以励忠效事。

专理新饷，山东清吏司案呈，崇祯三年十一月十三日，奉本部送户科抄出，四川总督朱燮元题前事等，因本年十一月十一日奉圣旨：这赏解银两，着照数查收。木增捐助输忠，应予励奖，即着酌议具覆。该部知道。钦此！钦遵抄出到部，送司查木增所捐饷银五千两，已于十二月十九日据目把和国祥等押解到部，照数查收，讫所有应予励奖，相应议覆案呈到部，该臣等看得捐资报国，乃臣子之忠，谊而柔远能迩。实朝廷之激劝故，未有上好仁而下不好义者也。如云南丽江府致仕知府木增，殚力输忠，竭资报国，迥出寻常世味之外始焉，助辽饷、助大工不下万金，业经题加参政职衔以昭其好义之心矣。兹者本官感激殊恩，捐糜益切，比岁黔中用兵业已助饷七千；逮开奴虏之跳梁，愿效涓埃之输，助掺括家资，变卖产畜，凑银五千，解佐辽饷，一腔忠赤，到老不渝，诚足为西南土司风者，相应如督臣所议，量加二品布政职衔，以酬忠顺，再赐褒封，诰命以励诸夷，将遐荒绝域争输爱国之忱，而奕世子孙永效忠君之义矣！此出皇上鼓舞，鸿恩非臣等所敢擅专者也！既经督臣具题前来相应覆请恭候，命下臣移文各该衙门，一体遵奉施行。崇祯四年二月十五日具题。本月二十三日奉圣旨：木增屡勤输助，忠顺可嘉，依议加布政职衔，并赐封诰，以示风励。钦此！

四川司。

五、（明）《度支奏议》，《续修四库全书》（史部 485 册）四川司卷三（399—401 页）

据遵义道详请，奉督臣朱燮元批允支给协剿水西官兵秦拱明、秦佐明等，行月粮银共一万三千一百三十五两五钱八分四厘……奏给石柱官兵协剿水西安家行粮，讫永宁路前报支剩赏需银一千四百八十七两零四分二厘九毫……近日奉旨调发秦良玉、秦翼明之兵共点发一万名，费银几及四万两。

第三节 皇帝及官方奖赏、抚恤

一、皇帝及官方奖赏

明末清初，对奉旨出征的有功人员，除加官晋爵、封官许愿、立祠祭祀等奖励办法外，物质奖励也是一个非常重要的方面。以下是在相关史料中摘取的零星记录。

洪武七年，石柱安抚使马克用遣其子付德与同知陈世显入朝，贡方物。八年，改石柱安抚司为宣抚司，隶重庆府。十六年，石柱溪蛮寇施州，黔江守御官军击破之。十八年，石柱宣抚同知陈世显遣子兴潮等奉表贡方物，贺明年正旦。二十四年赐石柱宣抚同知陈兴潮及其子文义白金百两，以从征散毛洞有功故也。

《犒马千乘》为优犒首功土官，以鼓敌忾事。照得石柱宣抚司宣抚马千乘，守御边城，纪律严肃，防逆入寇，则枕戈以待时；遇贼冲锋，则驱兵以向敌。故擒斩者五十余级，而蹂踏者六七险寨。功夺诸司之先，首破叛贼之胆，忠勤雅负，勇猛足称。且妻秦氏随营报效，功亦可嘉。俱应奖犒，以鼓敌忾。为此，除部下有功目兵，当即照功支赏外，牌仰本官，即将解发银花四枝，共重三两二钱；银碗四个，共重一十二两；色缎四匹，共重二十两；银牌二面，本官夫妻均分收领，以示军门优犒首功之意。本官承奖之后，务要奖率三军，精忠报国，成功之日，自有厚酬。慎勿始勤终怠可也。

（万历四十八年四月）辛亥，加四川石柱援辽女官秦氏正三品服色，氏子指挥金事马祥麟加指挥，氏兄秦邦屏加都司金事，弟民屏加守备，各职御俱充秦氏委用。其随领官兵给银二千两，听其分别犒赏。

明朝朱燮元《少师朱襄毅公督蜀疏草》记载：石柱宣抚，女将军秦良玉、加衔参将游守等官秦明屏、秦拱明、秦可、秦翼明、秦允成，应袭生员马祥龄等土兵一万四千……天启元年五月内，奉旨调川兵三万援辽，部文注定每兵一名给银一十七两，通箕该银五十一万两。

《光宗泰昌实录》卷 4 载：兵部尚书王嘉善，开具辽东等官应赏差等，其续后，出关将官，未在赏内者，敕经略于前发金一百两，照例颁给。于是赏……援辽土司石柱司女官秦氏、保靖宣慰彭象乾二员，各银三十两、一表里；援辽土司酉阳领兵衔守备冉天胤、石柱领兵指挥使马祥麟、永顺司领兵官汪一龙三员各二十两。崇祯三年（1630），秦良玉变卖家财济军饷，率石柱土兵昼夜兼程，万里勤王。崇祯皇帝优诏褒美，晋封秦良玉都督同知，挂镇东将军印。召见平台，赐彩帛羊酒，并赋诗四首旌其功。

《平播全书》记载："石柱宣抚使申称，本司护印正妻秦氏，将兵道赏银二十两缴道，并请前后土兵五千三百名支给粮草外，外报效兵二百六十名，不烦概给。由详。批，土司兵多有虚名冒饷者，秦氏以一妇人，能捐资给兵，辞饷报效，此其贤加人数等矣。仰巡上东道先动银六两，打造银牌一面，上书'女中丈夫'四字给之，以示旌异，待有功之日，将其夫妻并荐于朝，另有恩异。檄。"

朝廷嘉奖绍刚长子陈宽承袭父职，承袭后，天顺三年（1459），松潘叛乱，陈宽奉四川巡抚都御史汪某某调遣，与子极广率土兵一千五百名征进，得功获赏锦缎、花红。后又奉旨东进，至河南大坝杀贼首蛮王黑虎、卜昏、卜宁等。总兵以陈宽父子五次功，报奏蒙赏官绢10匹、布200件、银80两、钞70贯。成化二年（1466），万县地区贼寇又起，四川按察使调陈宽父子总兵乃于途中遇贼，高锋生擒贼首赵文相，并余党两百余名，捷报按察使，赏金缎、花红。回石柱后，在万安山（今太白岩）建鼓楼寺。由于陈宽连年征战，劳苦病故。

由子极广袭接替其职，成化十四年（1478），宣慰使马澄与同知陈极广又培修鼓楼寺，建永寿寺，置大钟一口，莅任数年亦故。该长子陈表接袭前职。

正德五年（1510）邬蓝流寇肇乱，四川按察使调取陈表土兵一千名征剿。陈表总兵进发，乃于开县与贼交锋，生擒贼首罗天飞，并捉余党五百余名，蒙赏彩旗10副、银牌4面，班师而回。

嘉靖二十六年（1547），陈表率兵在开县红岩子、陕西西乡县、江津摇橹箐等处，杀贼有功，奖赏彩旗、银牌外，赏匾"屡建奇勋"四字。征战回石，陈表患病，该长子陈兰承袭，陈兰性清高，不愿袭替，由次弟陈蕖承袭，蕖文武兼备，智勇双全，四川布政使刘调取蕖率八百名土兵赴真州剿贼，直抵贼巢，杀贼首李勇，活捉贼首周天星，斩首一百余级，蒙赏银牌10面、"忠顺""明朝显赫"匾书两块。蕖病故后，由子陈言承袭，政通人和，在位19年时故。由子陈略承袭。

嘉靖三年（1524），陈略奉钦差都御史调遣，率土兵一千二百名征东乡岩一带白莲党黄忠。至荣昌将香元寺妖僧明登和尚并贼首蔡白贯解赴重庆，蒙赏银牌 10 面、花红和彩缎各 120 匹，班师回府后病故。其子思虞承袭。

万历十六年（1588），川贵总督兼军备使邢调取思虞土兵一千名，征剿杨贞岩一带等番贼……提升陈思虞为总兵，冲锋贼大溃，聚海龙囤，蒙赏黄金百镒、彩绢 10 板、金光宝珠一串。

明万历二十七年（1599），播州宣慰使杨应龙反明，思虞受钦差总督调遣，遂亲率白杆精兵一千余名与秦良玉、马千乘一道讨播。在总兵刘绖麾下为先锋，攻打杨真岩、养马城、破娄山关、复攻海龙囤，平播有功，蒙赏黄金百镒（每镒相当于 20 两）、绿绢 10 板、金光宝珠一串。

天启元年（1621），思虞奉调与秦良玉兄弟和白杆兵一同援辽，至辽清军已退，率师回石。又闻奢瑶、奢崇明永宁起事叛明，其党羽樊笼、张彤杀巡抚徐可求等官员四十多人，急调思虞星夜进伐，在石航场与贼一战，奢贼溃败退守寸滩一碗水。思虞军屡战屡胜，堵奢贼入重庆，思虞领兵休养于珊瑚坝，把守重庆南纪门、通远门以绝奢贼出入。与秦良玉白杆兵一道，全歼奢贼，平息重庆奢贼叛乱，蒙赏花红、银 400 两、赐匾书"麟阁流芳"一块，授思虞参将衔。

天启二年三月，四川总督朱调思虞领土兵四千征剿窝子巢一带流贼，至合江石子岭与贼相战，贼溃奔马克桥、酉儿囤、三岔一带，又进打保马、瓦岗寨，入海沙囤、嘴儿岗，酋首阿强，将领罗宗富、罗宗兴投降。功成，蒙赏"崇文广武"匾、大宝银 4 锭、银牌 10 面、彩缎 10 板、银 1000 两。

二、抚　恤

在土司时期，朝廷为了激励土兵英勇作战，解决因伤亡造成官兵的后顾之忧，制定了《钦定兵部军需则例》，用法规的形式予以颁布，并照此执行。下面，摘取了几条，以供参考。

《土司军功议恤》之《土司阵亡伤亡恤赏》规定："土司土职阵亡伤亡者，三品土官赏银250两，四品土官赏银200两，五品土官赏银150两，六品土官赏银100两，七品八品土官赏银50两，俱加衔一等，令伊子承袭一次，仍以本身应得土职照旧管事，俟再承袭时将所加衔注销，空衔顶戴。八品土官例赏资，毋庸给予加衔。乡勇土兵赏给银25两。"

《土司军功议恤》之《土司出征病故恤赏》规定："出征病故，三品四品土官赏银25两，五品六品土官赏银20两，七品八品土官赏银15两。其打仗奋勉，屡著劳绩，立功后病故，经该将军保列等地报故者，即照该土司应得议叙之加衔加级记录，分别令伊子承袭土司时随带一次。其乡勇土兵赏银8两。"

《土司军功议恤》之《官兵阵亡未出及因公被掠分别恤赏》规定，殉难阵亡官兵恤赏：提督给银800两，总兵给银700两，副将给银600两，参将给银500两，游击给银400两，都司给银350两，守备给银300两，守御所千总给银250两，卫千总给银200两，营千总给银150两，把总给银100两，外委官员按把总例给予，马兵给银70两，步兵给银50两，乡勇土兵阵亡者照步兵例减半给赏。其官兵阵亡者，头等伤给银30两，二等伤给银25两，三等伤给银20两，乡勇土兵阵亡者照比例减半给赏。其受伤未分等第，官兵俱照三等伤给银20两。若阵亡及伤发亡故，兵丁应给予银并无妻子亲属承受者，给银2两。该总督、巡抚、提都、总兵官委官致祭。至官兵于打仗时失足滚崖落水等项以及未出官兵，后经查明实系殉命无疑者，俱照阵亡例抚恤。因公差遣遇贼被掠者，减半恤赏。因放马、割草等项私出被遮者，于阵亡例减半之中再行减半恤赏。

《土司军功议恤》之《伤亡官兵准恤定限》规定：出征打仗受伤，续经伤发亡故官兵：如受头等伤者，予限六个月；二等伤者，予限五个月；三等伤者，予限四个月。限内实系本身故者，照阵亡例议恤。若因病亡故者，不准请恤。致伤亡官兵从前给过受伤银两，应于所得恤赏银内照数扣除，其前因打仗受伤续又打仗阵亡者，从前应得受伤银两仍行议给，毋庸扣除。至限外亡故官兵，头等受伤，再予限六个月；二等伤，再予限五个月；三等伤，再予限四个月。如在予限内伤发亡故者，一二品大员，荫子弟毅然，以六品官用；三品以下官弁受头二等伤者，荫子弟一人，以七品官用；三等伤者，荫子弟一人，以八品官用；均按品食俸，服满后该督抚就近留于本府学习，期满照原荫品级酌量以千把总等官补用。其年未及岁者，给予半俸，俟当差时再按品支食全俸。其应荫之人，其有仕而故者，应准其补荫。此内若无子弟承荫，或虽有子弟而官职均在应荫品级以上者，应照伊等受伤等第再行照例赏给银两，毋庸议给官职。兵丁照原伤等第再行赏给受伤银两，其余限外亡故者，为期既久，应毋庸置疑。

由于有此条例做保障，故白杆兵作战非常英勇顽强，伤残、阵亡都能得到妥善安置，解决了他们的后顾之忧。

第四节　属下土司供奉和战场缴获

一、属下土司供奉

在土司时期，石柱土司的管辖范围是节制"九溪十八峒"，包括鄂西、湘西、黔东南、川东南，地域之广，民族之多，地形之复杂，是可想而知的。当然，土司也是有等级之分的，除朝廷恩赐的府第、品级等级外，土司的实力、影响力，直接关系土司的威望。据《石柱土司史料辑录》记载："石柱富庶为川东之冠，酉阳、唐岩、沙溪皆推石柱为司长。""明永乐七年（1409），龙龙阳洞长官司谭元亨偕谭万世、谭万金归降石柱土司。万历十四年（1586），龙阳洞土司谭彦相将编籍献万县，认纳草籽粮五斗二升，奉旨俞允，脱离石柱土司。万历十六年（1588），石柱宣抚使马斗斛、马千乘不准龙阳洞土司脱离土籍，率土兵攻围龙阳洞，烧民房三百余处，杀害百余命。""土司四周，禁汉人入峒，土司为了不让人丁减少，也禁止土民出境。利川谋道、铜锣一带谭姓，加入石柱土司，以后脱离石柱土籍又加入汉籍，遭石柱土司屠杀。"以上史料可以说明，石柱土司不但在军事上节制九溪十八峒，而且在周边土司中也是处于中心地位，酉阳、唐崖、沙溪土司推石柱土司为司长，直接统治和管辖龙阳洞、谋道、铜锣等土司府，又与忠路土司是亲家，因此石柱土司牵头管辖的范围之大，土司之多是可想而知的。如果按照明朝规定推断，"土司一年四小派，两年一大派，小派以钱计，大派以两计，土民纳税，比汉区丁粮多十倍。土司一年娶妇，土民三年不敢结婚"，石柱土司应该收入颇丰，这也是滋养白杆兵的重要经济来源之一。

二、战场缴获

目前史料记载中，涉及战场缴获的不多，只是在《秦良玉史料集成》中有两段收集整理的记录。"秦良玉援辽返乡，从辽东运回来几十尊铜菩萨，分别供奉在龙亭、雷坛、三教寺、三台寺、等寺庙中，最大一尊是龙亭（现南宾小学），身高近四米。""三教寺藏经楼上，存有八口卐字格立柜，每柜81格，每柜皆装满经书。这套经书，僧宗明说：在某一本经书底页，用毛笔记有'马斗斛原释子儒戒与马斗斛夫人覃氏赴北京印请大藏真经作镇山之宝'。""另说是秦良玉援辽有功，由皇朝赏赐的。此经书历代相传，保存完好。解放初，由县文化馆送交省（一说北京）博物馆保存。"据我们了解，石柱当地流传这些铜像和经书是秦良玉在辽东抗清缴获的战利品，其中最大的一尊铜像供奉在龙亭（现南宾小学）里，有4米多高，里面是空的，可以容纳十几个小孩。后被毁。经书于1951年奉令运交川东行署文教厅。

《克桑木关乌江关三报捷音疏》中录有如下内容。

题为三省征播大胜，蜀黔更破险关。再报捷音事。据前部领兵石柱宣抚司宣抚马千乘报称，二月二十四日，兵至地名清溪。哨得播贼何金友、何金敖、炉头李武。聚苗数百，于播境罗杆寨，鸣金呐喊，把截隘口。本司发兵二支前去冲锋，至二十六日一更时分，一拥抵巢。各城整备枪弩，向前迎敌，我兵奋勇直进，四围包裹，贼刀难支。当斩何金友等壮级三十七颗，各贼败走，追至前村，复来格关。又斩李武等壮级五十三颗，又追至土坪石板溪，斩首十六颗，共一百零六颗。夺获苗弩枪刀五十余件，俘获苗妇二十余口、马二匹、牛六只，及称本司官兵。

　　在平奢战役中，秦良玉同秦民屏率兵追至龙洞槽、二郎关，秦良玉下上兵斩获壮苗功三百颗，生擒一百一十名，获马六十匹；秦民屏亲斩与部兵斩获壮苗功其二百二十九颗，生擒真贼七十二名，获马五十匹马二匹、牛六只，及称本司官兵。

第六章　石柱白杆兵战例

石柱白杆兵自 1596 年建立至 1660 万寿山之战，在近 70 年的征程中，参加过无数次战斗，基本上都是战无不胜攻无不克，为世人所惮。除下列表所列战事外，本章主要描述白杆兵七次重大战役。

表6-1　白杆兵参与的主要战役

时　间	对　象	性　质	将　领	白杆兵数量
明万历二十七年	杨应龙	平叛	马千乘、秦良玉	3500人
明万历二十七年	杨应龙	平叛	陈思虞（同知）	1000人
明万历四十一年	后金军队	援辽	秦良玉	待考
泰昌元年	后金军队	援辽	秦邦屏、秦邦翰、秦民屏等	5000人
明天启元年	后金军队	援辽	秦良玉、马祥麟	3000人
明天启二年	奢崇明、安邦彦	平叛	秦良玉、马祥麟、秦翼明等	14000人
明天启二年	流贼	平乱	陈思虞、陈治安等	4000人
明天启三年	松潘	平叛	秦翼明等	待考

时　间	对　象	性　质	将　领	白杆兵数量
明崇祯二年	后金军队	勤王	秦良玉、马祥麟、张凤仪	待考
明崇祯四年	大凌河城	护卫	秦翼明等	10000人
明崇祯六年	大西军队	保境	秦良玉、马祥麟、谭稳、张令	30000人
明崇祯六年	王嘉胤等	受命	马凤仪	2000人
明崇祯十三年	大西军队	受命	马祥麟	待考
明崇祯十三年	大西军队	保境	秦良玉等	待考
明崇祯十六年	大西军队	保境	秦良玉、马祥麟等	待考
清顺治七年	朱容藩等	保境	马万年、马万春等	10000人
清顺治年间	董二等	保境	马千勇、马千尔等	50人

第一节　平播之战

石柱土司马氏，据其家谱记载，祖籍陕西扶风，是汉伏波将军马援第三十九代孙马定虎的后裔。马定虎在南宋时因平五溪蛮入境，因功授石柱安抚使，官职世代沿袭，世守石柱。元末石柱土司的势力急剧增长，成为元末明初土家族诸土司中举足轻重的大土司之一。据《马氏家乘》记载，元末九溪十八硐诸土司不靖，明洪武初，马定虎的十五代孙马克用（应是马定虎之子）征服了九溪十八硐，朝廷加封为宣抚使。据《蜀志人物志》载，马克用"生元末，袭石柱安抚司，仁而有勇，与士卒同甘苦，上下一心。全境内户口为十三族，大山外有陈、伍、高、崖、罗、向六族，山以内有谭、刘、奉、何、冉、江、白为七族。土司无城郭而有峒寨，令十三族皆得立寨栅，具徒卒，无事尽力农亩，有警则各寨并起，以听指挥。凡境内高峰绝岭，星罗棋布，皆各族屯兵边所。不数年，庶富为川东冠。忠路、酉阳、唐崖、沙溪等司皆推石柱为司长，音问不绝"。马克用在洪武中善抚夷落，子孙世袭，领地广二百三十里，袤二百四十里。

播州杨氏土司家族历来实行政治联姻，元明播州土司杨汉英、杨元鼎、杨升、杨辉的妻子都是田氏女，死后诰封为播郡夫人。土司杨爱、杨应龙的宠妾均为田氏，杨应龙的几个儿媳都是田氏女。播州与永宁、酉阳土司张氏为江西龙虎山张天师一族，明初成为播州世族，多与杨氏婚媾，其酋有张坤、张时照。杨烈之母、应龙之妻皆张氏。万历二十三年，兵部侍郎邢玠至蜀，"察永宁、酉阳皆应龙姻媾"，两地的土司都与杨氏世为姻亲，是杨应龙的两个儿子杨朝栋、杨可栋的岳丈。杨应龙长女杨贞惠，许配给洪边宣慰司宋承恩。次女杨贞瑞，人称杨二公主，许配给石柱宣抚司宣抚马斗斛的次子马千乘的兄弟马千驷。

政治联姻是封建社会下"人治"的产物，即掌握国家大权的国家君主为了某一种利益而把自己亲属嫁出去（或娶进来）的政治手段。双方通过婚姻让两个政治势力的联盟更加有效，而西南土司之间历来盛行"门当户对"的婚姻，通过"土皇帝"间的联姻、会盟，以嫁娶形式结成儿女亲家之后再互惠互利。在政治上形成团结友好的亲谊关系，互为靠山，在经济上互相支援，军事上结为同盟，对巩固土司政权有利。土司与土司都是亲戚，遇到大事便共同应对。

常言"英雄难过美人关"，杨应龙本是好色之徒。虽然他妻妾不少，仍四处猎艳。万历十年（1582），在四川布政使举行的寿诞酒宴上，杨应龙结识了石柱安抚使马斗斛之妻覃氏，覃氏乃忠路土司之女，身高貌美，他顿生倾慕之心，垂涎不已，杨应龙说动结发妻子张氏与覃氏结为异姓姐妹。返回播州后，杨应龙以张氏生日将近，派人到石柱送上请柬，邀请覃氏到播州做客。一心想继续维持世袭职位的马斗斛以为这是"夫人外交"，播州与石柱结好可以从中获益，接到播州张氏请柬后，覃氏去了播州，她希望与张氏的姐妹之谊能为她弄权提供新的舞台。杨应龙对覃氏百般友好，覃氏也想依仗杨应龙的实力实现自己的图谋，二人各有所好，交往日密，关系暧昧。覃氏在播州住了一个月，她与杨应龙之间不时传出风言风语，覃氏回石柱后生下的小儿子马千驷，有人恶意传言。马斗斛根本不太相信这些传言，杨应龙的妻子张氏察知应龙与覃氏关系亲密，十分嫉恨，与这位结拜的异姓姐妹覃氏翻脸。好色之徒杨应龙也因此怀恨张氏，他后来宠爱小妾田雌凤，将张氏逐回娘家独居，万历十四年（1586）甚至听信"西南之妖孽"田雌凤的谣言，派人将张氏及岳母残忍地杀害，引起张时照等人告御状称应龙靠以酷杀立威，图谋不轨。

几年后，马千驷认杨应龙为义父。为了进一步平息官场和民间的风言，杨应龙亲自向马斗斛提亲，将他与爱妾田雌凤所生女儿杨贞瑞许婚于马千驷，以向世人证明他的清白。如果杨覃有染，绝不会把女儿许配给千驷。即便如此，马斗斛对杨应龙已心生怨愤。《明史·四川土司》记载："石柱女土司覃氏，长子千乘失爱，宠次子千驷，谓应龙可恃，因聘其女为千驷妻。"石柱马氏土司与播州杨氏土司通过联姻结成同盟，互为羽翼是历史的真实。

按西南土司承袭惯例，均立嫡长子为嗣，覃氏溺爱次子马千驷，欲夺长子马千乘应袭爵位，通过联姻获取播州宣慰使杨应龙的支持，她破坏土司袭职的成法和祖训，酿成马氏家族内部祸乱。

明万历十四年（1586），龙阳洞八世土司谭彦相等欲脱离石柱土司统治，认承纳草籽粮五硕三斗，将龙阳峒编籍万县，奉旨俞允，脱离石柱土司。万历十六年（1588），石柱宣抚使马斗斛、马千乘图谋恢复龙阳峒，率士兵围攻。鱼木寨位于利川西部，地处318国道线利川至万县途中，寨楼空兀于万山之中，两边一色悬崖，中间只有一狭窄寨门与外界相通。该寨明初属龙阳峒土司，后归附石柱土司，万历十四年编籍万县，1955年划归利川，现为谋道乡鱼木村。

石柱土司马斗斛为维系"土不出境"的祖训，遣子马千乘率兵围攻龙阳洞，进行征讨，擒杀了几个叛离首领，谭彦相一人逃脱。明末朝政腐败，明神宗向全国四处派矿使开矿，设税监盘剥敛财。忠州地方官知州曹魁的后台，就是权倾朝野的司礼监秉笔太监曹吉祥，他们擅作威福，收拾马土司。万历二十二年，马千乘之父马斗斛在石柱开矿，矿未开出就被谭彦相等人构陷举报，四川按察使报请朝廷御批，以石柱宣抚使马斗斛私自毁山开矿，"毁民产业，与朝廷争利"罪名被免职，发配辽东口外效力。朝廷保留世袭石柱宣抚使之职，允许其长子马千乘承袭世职，条件是新任石柱宣抚使马千乘务必追缴其父私自开矿所得白银10万两，限期三个月完纳，否则取消世袭职位。同时，马斗斛的弟弟忠州同知马斗良亦因"忤逆圣意，诬告上官"之罪被四川按察使衙门定罪，发配流放到琼州

（今海南）岛上。突如其来的沉重打击使马千乘陷入重重困境。当时马千乘因拿不出 10 万两银子，也被收系狱中。

覃氏见丈夫被罢官沦为罪人，大儿子也被囚禁，便出走播州，向杨应龙借来 10 万两银子，在最关键的时刻交纳了巨额赎金，朝廷决定由马千乘之弟马千驷暂时承袭石柱宣抚使职。因年纪尚小，由其母亲主政，覃氏代行石柱宣抚使职，成为石柱女土官。

杨应龙见石柱土司兄弟父子相继遭难，决定借 10 万两白银给覃氏，就是乘人之危，进一步收买覃氏，并通过缔结姻亲关系，由女婿马千驷及覃氏执政，达到掌控石柱，进而与大明王朝相抗衡的目的。杨应龙以帮助覃氏母子在石柱行政为由，派他的长子杨朝栋为特使长驻石柱。杨朝栋带着一帮人马进驻石柱后，俨然以主人自居，对石柱土官土民土兵颐指气使，引起石柱各阶层人士不满。杨朝栋只是石柱土司的亲戚，以这个身份干涉石柱土司的内部事务，违反了马氏土司祖制家法，马氏族人对其言行恨之入骨，多次请求覃氏驱逐杨朝栋。覃氏对杨朝栋等人的行为不加制止，而杨公子的言行变本加厉，激起马氏族人、土官、土民的愤恨。

万历二十三年（1595）七月，前石柱宣抚使司马斗斛的堂弟马斗霖秘密召集大批土兵，包围了覃氏和杨朝栋驻地，要求宣抚使覃氏驱赶杨朝栋，还政于马氏族人。事件爆发后，大批石柱百姓赶来声援马斗霖。覃氏派人与马斗霖谈判无果，众怒难犯，覃氏被迫让步，石柱军民将杨朝栋等人驱回播州。覃氏和杨应龙对此耿耿于怀。五天后，应龙遣人送密信到石柱，要覃氏以马斗霖"教唆土兵，以下犯上，违犯祖制家法"为由，从严处治马斗霖，杀一儆百。不料密信泄露，石柱的内部矛盾爆发。覃氏的贴身丫鬟将密信报告马斗霖，马斗霖召集马氏族人及土兵将领商议对策。马斗霖列举了覃氏的三大罪状："宣抚使马千驷年幼，无力行政，其母覃氏实际主政。但覃氏身为先宣抚使马斗斛之妻，眼见丈夫被陷害，却寡鲜廉耻，背弃丈夫，阴谋勾结包藏祸心播州杨应龙，身为人妻，此谓不忠也！而其长子马千乘暂代宣抚使之位，朝廷追索十万银两，覃氏从播州返回，身为其母却丝毫不加帮助，眼见亲生长子身陷大狱，此乃不仁，更为不义。及幼子马千驷承袭世袭之职，却又欲借播州杨应龙之手，毁我马家百年基业，此乃大不孝。如此不忠不义不孝之人，如何能继续执掌石柱之政？"这一番义正词严的讨伐，大家一致响应，覃氏所作所为大失人心，众叛亲离之际，已无法再在石柱执政，只好与小儿子马千驷再次到播州投奔杨应龙。

覃氏打算借助杨应龙的力量，举兵攻伐石柱，夺回权力。杨应龙也正有吞并石柱之心，播州与石柱关系骤然紧张，直欲兵戈相向。

此时，杨应龙也自身难保，播州五司七姓奏劾他谋反大罪，被朝廷革职，应龙请求交2万两白银赎罪，并愿带兵五千远赴辽东征讨倭寇，立功赎罪。四川总督王继光再次勘提应龙，应龙抗辩，恳求派员调查，洗清他被冤枉诬陷的情由，不出播州接受勘问。万历二十一年（1593），王继光领官兵三千入播州擒拿，应龙巧设伏兵，将三千官军全歼于娄山关南白石口。官军征剿加剧了杨应龙的忧患意识，决心扩充军队，修建关隘，建立军事大本营，以武力实行自保。万历二十三年，兵部侍郎邢玠总督川贵军务。邢玠抵蜀，遣重庆知府王士琦第二次审讯杨应龙，在綦江县安稳勘处杨应龙"冲杀官军罪"。应龙单骑前往，自缚于道旁"泣请死罪"。处分意见为仍革职，以长子杨朝栋为舍人，掌印代管播州；罚银4万两，助采大木建造皇宫；交出冲杀官军的黄元、阿羔等十二人抵应龙罪斩于重庆。邢玠又按前论削其疆土，将播州所辖的黄平、草塘、白泥、余庆、重安5个长官司地划给贵州省黄平通判管理；扣押应龙次子杨可栋羁于重庆做人质，催交赎金。应龙服罪，接受了处罚。不久，可栋死于狱中，应龙数次索要儿子尸棺不得，重庆扣下尸体催交赎金，激起杨应龙反叛明朝。此时，朝廷的精兵猛将大都调到朝鲜战场平定倭寇，无力从军事上征服播州，采取安抚的办法，暂时稳定播州杨应龙和西南各土司。为了制约杨应龙联合石柱土司与朝廷作对的隐患，决定起用马千乘为石柱宣抚使。不久，朝廷放出囚牢中的马千乘袭任石柱宣抚使，覃氏的权力被剥夺，次子马千驷执掌石柱的期望落空。覃氏母子长住播州，引起杨应龙爱妾田雌凤的醋意与嫉恨。应龙儿子杨朝栋和杨可栋两兄弟嫌弃已无官职爵位的马千驷，担心千驷与妹妹杨贞瑞结婚后，会瓜分播州地盘，切去一块"蛋糕"。一向好强的覃氏希望破灭，政治上的失意加深了寄人篱下的孤寂，无法忍受田雌凤和杨朝栋等人日渐冷漠的态度，主动辞行返回石柱。马千乘及妻子秦良玉念母子之情，侍奉覃氏如故，覃氏从此拜佛念经，不再抛头露面。

万历二十五年（1597）春正月丙辰，朝鲜使来请援。二月丙寅，复议征倭。七月癸巳马千乘、秦良玉奉旨派其兄弟邦屏、民屏率白杆兵援朝抗倭。是月贵州播州土司"杨应龙叛，掠合江、綦江。次年，贵州巡抚江东之派都司杨国柱率军三千进剿失利，杨国柱被杀"。

万历二十七年（1599）三月，明神宗命兵部右侍郎李化龙总督川湖贵三省军事，赐尚方剑，调天下兵马，檄调东征诸将刘绖、麻贵、陈璘、董一元等相继回兵南征播州。命朝廷副督史郭子章出任贵州巡抚，全力备战。赶造大批刀枪火炮，备足弹药粮草，选精锐战将佐官，调集官军、土司兵，做好平播战争准备。当年六月，应龙乘官军尚未大集，宣称"朝廷不容我，只得舍命出綦江，拼着做"，打出"擒王剿叛"旗号，出兵三道北进，本人则亲统大军，号称六万，北入四川。入川的兵力分为三路：一路由张汉清带领，自松坎出苏儿坪至赶水；一路由娄国带领出真州；一路由杨应龙直接带领出点脚坝，至插营山。兵围綦江，二十一日破城，杀参将房嘉宠、游击张良贤，劫库毁仓，尽掳资财，尸塞綦江河，"江流为赤，西南震动"。在杨应龙屠杀綦江军民的战争中，马千驷是带兵冲锋在前的。《平播全书献俘疏》云："马千驷，贼次女婿，年一十八岁，系石柱宣抚司宣抚马斗斛次子。斗斛妻覃氏溺爱千驷，谋夺长子马千乘应袭，故为婚酋，以求援助。綦江之破，千驷实率其石柱心腹为首先登。伊母覃氏，时遣人四方助酋打点，使酋得志。千驷母子，必乱石柱，千驷就擒正法，石柱之祸绝矣，不独擒一播党也。"由此可见，石柱土司覃氏与播州土司杨应龙的关系非同一般。

万历二十八年（1600）二月，在总督李化龙指挥下，明军分兵八路进发征讨播州。石柱宣抚使马千乘率三千名训练有素的白杆兵从征，其妻秦良玉别统精卒五百裹粮自随，与副将周国柱扼贼兵于邓坎。

马千乘、秦良玉夫妻发土司白杆兵征讨播州杨应龙叛乱，于公是尽忠报国，于私是洗雪播州带给石柱的家族之耻。马千乘、马千驷本为亲兄弟，两人的志向和政治选择不同，在平播战争中兄弟分属敌对阵营，成为不共戴天的敌人，以致兵戎相见。马千乘身为朝廷命官，为扑灭叛贼奔赴疆场，在平叛的血战中建功立业，马千驷则为一己私利，认贼作父，卷入叛军中作恶，终被擒斩，成为杨应龙的殉葬者。

万历二十七年（1599），马千乘奉调平播州（今贵州遵义）土司杨应龙叛乱，是石柱白杆兵第一次被朝廷征调参加正规作战。依理，石柱土司已经尽到了对朝廷的义务，但秦良玉为解国难，作为编外人员，又亲统精卒五百人，自备军粮马匹，随丈夫马千乘出征，与副将周国柱一起在邓坎（今贵州凤岗）扼守险地。足见秦良玉、马千乘大义灭亲，报效朝廷之美德。

万历二十八年（1600）正月初二，明军置酒高会，庆祝新春佳节。洞晓古今兵法的秦良玉预料叛军会在夜间乘虚袭营，悄悄叮嘱丈夫马千乘，今夜估计敌人会来偷袭，传令白杆兵严禁饮酒，持矛裹甲，隐伏险隘，并下达军令："解甲韬戈者，斩！"半夜时分，明军官兵大部分醉醺醺地沉入梦乡，叛军果然偷袭。官军从醉梦中醒来，惊惶失措，乱成一团。所幸的是，早有所戒备的秦良玉夫妇率领白杆兵发起反突袭，叛军中伏，仓皇溃逃，秦良玉夫妇率白杆兵尾追掩杀。叛军只顾奔逃，毫无斗志，弃甲投戈，尸横遍野。白杆兵乘胜追击，一夜间连破金筑关、明月关等七寨，直抵天险桑木关下，整军待援。

各路官军赶到集结后，齐攻桑木关。由于山险关峻，甲胄裹身的明朝官兵一时束手无策。千乘、良玉指挥白杆兵绕行至桑木关左右悬崖下，利用白杆兵特有的白杆钩镰枪，钩连环，环连钩，前后搭接，形成枪梯，加之白杆兵生长于崇山峻岭间，善于攀爬，沿枪梯攀悬崖，敏捷如猿，攀登上了敌人防御薄弱的悬崖。白杆兵上崖后发起突然袭击，犹如天兵天将从天而降。叛兵惊慌失措，弃关逃生。白杆兵与酉阳等各路兵马合军一处，穷追猛打，破关夺隘，直抵杨应龙的老巢海龙囤。

八路大军二十四万人围困海龙囤四十余日，久攻不下。千乘、良玉又指挥白杆兵用白杆钩镰枪从后寨攀崖而上，犹如奇兵从天而降，贼首杨应龙见突围无望，明军又到，心毁意绝，先纵火焚烧宫室，然后与两名爱妾自缢而亡。由此，雄踞播州700余年的杨氏统治，在农历六月初六彻底坍塌，播州之乱平息。据《明实录·神宗万历实录》卷378页3记载，川贵总督王象乾疏言："马千乘兵三千，擒斩八百七十三名颗，千乘之妻秦氏，报效不支饷，兵五百，擒斩一百一十七名颗，而二家且勇夺桑木、大滩等险关，意不言功，何其勇且顺也……"白杆兵首战首捷。

此次平乱，秦良玉、马千乘夫妇"为南川路战功第一"，总督李化龙命人用银六两，打造一面银牌，赠予时年二十六岁的秦良玉，上镌"女中丈夫"四个大字，以示褒彰。

万历四十一年（1613）八月，四十一岁的马千乘因得罪太监邱乘云，邱乘云借有人举报，以在龙潭老苍坪私开银矿、偷税为名将其关押在云阳监狱，秦良玉四处申冤，当决定无罪释放千乘时，瘐死云阳狱中。

按明朝土司承袭制度的规定，父死子袭，子幼则妻袭。因子马祥麟尚小，秦良玉含泪忍悲，奉朝命袭任石柱宣抚使。

第二节　浑河血战

秦良玉就任石柱宣抚使后，多次扪心自问，是什么原因让马家累累遭遇不幸之事，一是前任土司、自己的公公马斗斛因开矿被流放外地，二是自己的丈夫、现任土司马千乘被冤瘐死云阳监狱。自己的命运又如何？她找人又看又算，原来是土司府的位置有问题。因为南宾河像一张弓，横街像一支箭，后面却没有弦，而土司府就在弦边，无弦发箭，箭必祸人。只有修一条弦才保平安无事。于是，秦良玉发动军民开挖砌嵌，从水祥祠一直修到七星桥，修建了长近 2000 米的人工河，取名玉带河，也就是现在还在石柱县城中流淌的玉带河。从此，石柱风调雨顺，乐享太平。

万历四十四年（1616），女真酋长努尔哈赤在赫图阿拉（今辽宁新宾县）建立大金（史称后金）政权，开始连连发动对明朝的进攻。两年后，萨尔浒一役（战场在今辽宁抚顺以东），明军惨败，诸营皆溃。自此之后，驻辽明军几乎是闻警即逃。

泰昌时，光宗皇帝朱常洛年号泰昌，三十九岁即位，在位一个月，贪财好色，纵欲过度，上任 30 天病死。天启元年（1621），皇帝朱由校继位（字熹宗、年号天启），东北告急，明廷在全国范围内征精兵援辽。由于朝廷腐败，文官惧战，武将怕死，都畏缩不前。刚履职几年的石柱宣抚使的土司秦良玉闻旨，不计家仇，立派其兄秦邦屏、邦翰与其弟民屏率五千白杆兵先行，她与儿子马祥麟筹马集粮，后发作援。明廷闻讯大喜，授秦良玉三品官服。

天启元年三月，当白杆兵和浙江戚家军刚赶到浑河南岸，陈策、童仲揆两位总兵在敌强我弱的情况下，做出了主动进攻、以攻代守、血战待援的错误决定。不足万人的队伍，被分成了两个部分，向强大的清兵发动自杀式攻击。戚家军主将、戚继光的侄子戚金指挥火器见长的戚家军，在浑河南岸迅速摆开著名的车阵。年轻的川军将领周敦吉、秦邦屏率领五千余川兵从浑河浮桥过河，排开阵势向北岸八旗军冲去。戚金知道，这些头也不回的川军是用生命给自己争取时间，只要能固守到后援的明军到来，或者坚持到夜晚，尚有夺回沈阳城的一线希望。

秦帮屏带领的川军先后击溃正白、正黄二旗，杀伤清兵两千余人。战斗正酣，明军抚顺降将李永芳指挥从沈阳城头炮击川军，川军伤亡惨重，清兵一拥而上，终于冲垮了这支勇猛的川军。秦氏兄弟率白杆兵，与酉阳土司兵一道渡过浑河，血战清兵。白杆兵由于训练有素，作战英勇，充分发挥白杆钩镰枪的优势，用矛刺，用钩拉，用后端的环击，所向披靡，特别是白杆兵用钩钩马脚，刺清兵，和尚兵用大刀砍马腿，杀清兵，英勇无比，敌人闻风丧胆，激战中杀敌数千人。屡战屡胜的清兵方知明军中竟有如此勇悍的劲旅，心生畏惧。正在敌我双方僵持不下时，清兵数万援军赶到。清兵多为骑兵，善于马战，白杆兵多为步兵，不宜平旷之地作战，且敌众我寡，白杆兵渐渐力疲，伤亡颇重。秦邦屏、邦翰率部力战死于阵中，秦民屏浴血突围而出，近两千名白杆兵战死沙场。此役虽未获胜，但挫败了清兵的锐气，振奋了明军士气。兵部尚书张鹤鸣奏称："浑河血战，首功数千，实石柱、酉阳二土司功。"秦良玉统率的石柱白杆兵从此名扬天下，令清兵闻风丧胆。朝廷追赠秦邦屏都督金事，赐世荫，与陈策等合祠；秦民屏进都司金书。

第三节　镇守榆关

秦良玉精通兵法，能征善战，肯动脑筋。她驻守榆关时，发明"天观""地听"，掌握敌情，打了个漂亮仗。秦良玉安营扎寨，下令白杆兵加高加固工事，挖宽挖深护城壕堑，在城内挖了些地洞，窖存粮食、火药、火炮，还在大厅下挖了条地道，直通城外山上。她派出侦探，放出远哨，监视敌人的行动。她在城墙上，用老花眼镜和近视眼镜，重叠放置墙孔中，能看到几十里外的动向，派军士守望在那里，名叫"天观"。她还叫白杆兵在城内地下挖掘三四丈的深坑，坑口安上大缸，每天派耳朵精灵的军士侧耳细听，能听到百十里外的人言马嘶，名叫"地听"。天观地听都用长绳系上铜铃，直达内营，一有敌情，守候的白杆兵就拉索摇铃报警。因此，对敌人的动静了如指掌。

一天，她召集众将，说：军情紧迫，立即出动。让各营白杆兵吃饱喝足，二更悄悄出城，埋伏山岗上，等待炮响火起，拼力杀敌，吩咐秦永祚安置好城外的弩机弓箭；秦民屏、翼明叔侄带精细兵卒，赶运火药、大炮，放于大厅的地洞中，凿通地道；叫儿子马祥麟、儿媳张凤仪运些米粮、酒肉蔬菜，放大厅之内。布置停当，众将领令而去，依计而行。

四更时分，清军大兵压境，铺天盖地涌来，先驱牛、马、羊在前，土车随后，直扑关前护城河边，踩着弩机、万箭齐发，纷纷倒地，敌兵把死畜和土车填入护城河，冲杀过来，打开关门，蜂拥而入。见是一座空城，以为秦良玉也同其他明将一样，畏惧弃城而逃，又见遗留许多米粮酒肉，便在大厅内大摆酒席，举杯欢庆。正喝得欢畅，突然，天崩地裂一声巨响，火光冲天，火球竞发，火炮直冲，顷刻间大厅地陷，粮草起火，烟焰腾空，死伤无数。活着的清兵方知中计，争先恐后，奔拥出城逃命。秦良玉挥兵合围，冲杀过来，大获全胜。

庆功会上，秦民屏和众将校问秦良玉怎么会料到敌人会来偷营劫寨，良玉笑着答道："这是天观、地听的功劳啊！敌人车马一动，我早从天观、地听中得知了。清兵来势汹汹，我军难以抵敌，硬拼不行，只宜避开锋芒，便撤出埋伏城外山岗，而以酒肉诱敌，待敌人宴饮庆功时，我派人从地道进城，点燃火线，炮炸敌兵，敌人受到突然袭击，胆战心裂。我们趁机从外杀入，敌人腹背受敌，怎能不败！"

秦良玉为了长期镇守边关，准备了许多粮草、弓箭、刀剑和火药，但大炮不多，只有50多尊，每个城门才10余尊。这怎么能抗得住强敌呢？她想来想去，想了个好办法：用几十床档席，卷成圆筒；又用几十截丈多长、盆口粗的松木，削去树皮，剜空中心。将它们里外漆得黑里透亮，如同真炮一样，将它们放到城门炮台上；而将真炮装上双轮，变成移动方便的游动炮。真炮假炮，放在一起，走拢近看也真假难辨。

清兵见到城墙上那么多大炮，都吓呆了。带兵的大将不相信会有这么多炮，说："她一个土司婆娘，哪有这么多炮？必然有假！"就带兵攻打东门。刚近城下，轰隆隆，轰隆隆，城上的几十尊大炮同时开火，一炮炮打到清兵中，铁砂子、瓦砾子炸得清兵伤亡累累。清将急下令退兵五里扎营，心中不服劲，"东门的炮多，火力强，北门炮总会少些！"第二天，率兵攻打北门，刚近城下，又遭到猛烈炮火的迎头痛击，死伤比头天更多。他退兵十里，越想越气，发了个狠："老子再攻南门，秦良玉啊秦良玉，你总不会每个门都有那么多炮吧！"谁知南门炮火更猛，清兵死伤无数，清将也被炸瞎了右眼，炸伤了右臂，他这才服输了，下令退兵。一边退，一边说："秦良玉的大炮，是真家伙，真家伙！"

秦良玉哪有那么多炮？档席炮、松树炮又怎杀敌？原来，她打退敌兵后，预料敌人不甘失败，必然再来攻城，又靠天观、地听掌握清兵动向，于是，马上把真炮转移迎敌。打一炮换一个地方，而假炮则雄踞炮台上，这样一以当十，真炮就大显神威了。

山海关在白杆兵守护下固若金汤，阻碍了清军入驻长城以南的步伐。清军挖空心思，绞尽脑汁，认为硬攻不行就来软的。你一个土司婆娘一个女人难道不见钱眼开，不为物所动？天底下没有哪个人不爱钱财，特别是女人。清军想方设法，选出价值连城的玉如意，打着他们的如意算盘。

如前文所述，秦良玉态度铿锵，绝不投降。榆关在白杆兵的镇守下，成为清兵进犯明廷京畿不可逾越的屏障，延缓了改朝换代的历史进程。

第四节　成渝平乱

榆关安宁后，朝廷又派秦良玉回川征兵继续援辽。此时，重庆却遭奢匪之乱。

奢崇明派使意图结盟秦良玉共反明廷，秦良玉知使者来意后，顿时大怒，立斩贼使樊定邦祭大旗，毅然起兵平叛。

石柱司同知陈思虞与秦良玉为姻娅亲，既然土司发兵，同知必响应，渝城之变，女将军兵先发，思虞继之。而女将军奉调援省，而思虞听令攻渝，两家各勤其事，得不相扎云。壬戌元旦，分布南纪门，思虞率其子治安号兵四千，与金富廉相望而营。据贼上游，贼颇惮之。二月十八日，官兵再夺佛图关。思虞率其众以会，斩首二百余级功，与邑梅、石耶等。二十日，贼用间官兵披靡，思虞兵溃。思虞救死扶伤，躬自拊遁者。月余而后，军声始振。三月二十八日，议夺二郎关。以思虞所扎地系贼人出没咽喉，使人固守其处，勿轻动。遇贼出，则邀击之。思虞奉令惟谨。四月初四，官兵三夺佛图关，鼓行而前。贼人跳岩堕谷者不计其数。思虞垂手擒之，不费一簇，不损一兵，而斩获累累。盖有天幸焉。五月初，贼援兵二万来，众皆惶恐无措。思虞移其兵，屯珊瑚坝。坝在水中央，内之贼不得飞渡以外应。外之，贼不得长驱以内援。思虞兵实扼其吭也。五月二十七日夜，诸司兵争走入城，思虞仍守其处，不少动。城中贼溃而出，就时擒之，所获功级，反在邑梅石耶之右。思虞柔而有谋，勇而不激。初至渝犹有虚懦意，久之，识益练神，益闲。诸司争饷之多寡，而思虞得少以为多；诸司争爵之高下，而思虞退然，有以自下者。卒之，不求加衔，而参将之衔及焉。以弱为强，以退为进。思虞其知兵者与。大抵女将军以英锐胜，而思虞以持重胜。英锐者有万夫必往之勇，故称女中丈夫。持重者，有四顾踌躇之意。故常守如处子。世皆称石柱白杆兵为诸司冠，而不知女将军外有同知陈思虞者。

成都解围后，秦良玉回师重庆，秦民屏率本部兵绕出贼后，督兵五千出战……二十三日督领石柱宣抚司女将军秦良玉，领兵官秦民屏率各将官秦翼明、秦可、秦允成、秦拱明、谭弘化、马邦兴、谭良佐等并力攻取，斩获贼功无数……石柱宣抚司女将军秦良玉及领兵官秦民屏等官兵，直逼二郎关……秦良玉督兵与贼大战，官兵奋勇，斩贼千有余……秦良玉与秦民屏率兵追至龙洞槽、二郎关，秦良玉白杆兵斩获壮苗功三百颗，生擒一百一十名，获马六十匹，秦民屏亲斩与部白杆兵斩获壮苗功其二百二十九颗，生擒真贼七十二名，获马五十匹……又据秦良玉、秦民屏各呈报前功相同……二十四日黎明，杜文焕统亲丁及毛兵营，加衔参将杨克顺等兵，直冲贼营。秦民屏率本部并绕出贼后，秦良玉等攻关，斩获甚多。又据秦民屏呈报，四月二十三日，职自二郎关亲统石柱本营白杆兵直抵佛图关前，布列成阵。贼自关上冲下三次，被白杆兵杀退。至二十四日，秦翼明等官兵守关，贼众杀出，官兵分头接战，率生力军从旁夹击，贼众大败，当阵斩功数百，乘胜直追入关，贼坠崖谷者数千……（五月十一日）秦民屏领本营白杆兵在佛图关与贼大战，杀死一百余，贼败溃入城。秦民屏斩黑蓬头，擒樊虎，勇克二郎关。樊龙等困守孤城，秦良玉与弟民屏乘胜追击，连拔敌营十七座。叛军龟缩重庆城中不敢出战，困守孤城负隅顽抗。秦良玉配合官军围攻重庆，叛将张彤被马祥麟斩于阵前，樊龙亦被擒杀，遂于天启二年五月收复重庆。朝廷封秦良玉一品诰命夫人。收复重庆后，良玉继续领兵进剿奢崇明叛军，会同官兵连克奢军最后盘踞的永宁、蔺州（今古蔺）、九节滩、红崖墩、观音寺、青山墩及江潦四十八寨，奢崇明逃往水西，全川平定，朝廷用金银玉帛嘉奖石柱土司。

奢崇明率残部与已叛的水西土司安邦彦合兵一处，贼势复盛。天启三年（1623）四月，秦良玉遣弟秦民屏及侄儿秦佐明、秦祚明等随官军讨伐奢崇明、安邦彦叛军。

天启四年（1624）正月，民屏退师途中遭伏击，战死；民屏子佐明、祚明重伤。朝廷诏令追授民屏为都督同知，立祠赐祭；佐明、祚明授参将；翼明、拱明进副总兵。其后，奢崇明父子长期客居水西，依附于安邦彦。崇祯二年（1629）八月，奢崇明在永宁之战中兵败被杀。石柱白杆兵会同各路官兵剿灭永宁奢崇明和水西安邦彦的叛军，动乱八年之久的西南平定。

第五节　京城勤王

崇祯二年（1629），皇太极久攻榆关不下，遂绕道喜峰口，破长城而南侵，永平、遵化等4城失守，京畿震动。崇祯帝急诏天下兵马勤王，各路将领自保不暇，逗留不前，独五十六岁的秦良玉不顾年事已高，闻讯起命，变卖家财以济军饷，亲率子祥麟、媳张凤仪，侄秦翼明、拱明、佐明、祚明及白杆兵队伍，高举"夫人城里人如凤，娘子军前子是麟"的秦字大旗，捐资济饷、慷慨誓众，裹粮率师，昼夜兼程，万里勤王。由于白杆兵队伍戎伍肃然，纪律严明，所过之处秋毫不犯，深受沿途群众喜爱。因此，一到京城，受到北京各阶层人士的称赞。当时的场景是："都人闻白杆兵至，聚观者如堵，马不能前。"秦良玉的白杆兵虽只数千，但一直为清兵所畏惧。秦良玉率兵奔赴前线，身先士卒，与友军一起，奋勇出击，崇祯三年五月十二日攻克滦州，至月底，相继收复了迁安、永平、遵化。皇太极害怕英勇善战的白杆兵，命令清兵撤兵关外，使明廷转危为安，解除了清兵对京城的威胁。后人写诗赞颂秦良玉：

勇率佳儿忠率妇，节还夫人义还君，

一腔热血今犹碧，百战奇勋古未闻。

秦良玉万里勤王，解北京之围，崇祯皇帝深受感动，优诏褒美，加少保，晋封秦良玉都督同知，挂镇东将军印。在故宫里面的保和殿，崇祯皇帝在一生只召见了明朝兵部尚书袁崇焕的平台，召见了秦良玉及部将，赐彩帛羊酒，并赋诗4首旌表其功。

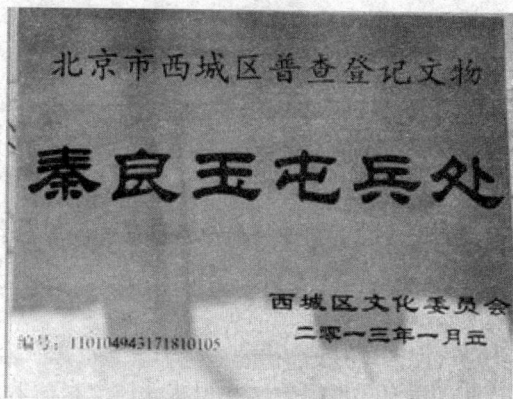

秦良玉回到石柱后，将崇祯皇帝所赐之诗立于大堂，御赐"龙章四宝"四字悬挂在玉音楼。为了感谢皇帝赐诗之恩，她亲笔写下了《和崇祯帝诗四章》。诗曰：

聚精金铸剑锋成，蓬鬓尤能矢结缨；

尽使忠镡清带海，木兰吟改棹歌行。

愿辉金镜绝纤埃，元首庚歌至治哉；

果使虞弦环舜陛，不希巴妇筑秦台。

升平仰答计云何，当代英才布列多；
底事悬机烦庙算，亟恢群力整关河。

仅随樊灌佐根锄，敢比英兰映绛疏；
大起膺滂屏甫节，伫看寰海尽安舒。

第六节　万寿山退敌

秦良玉料事如神，深知自己死后，敌军会集中兵力攻占石柱，故而在离县城60余里的万寿寨山上构筑了工事，存放了粮草。万寿山风景秀美，森林密布，特别是两根石柱，直插云天，一根相貌如男，高100米，无比壮观雄伟；一根貌若仙女，高70米，羞涩挺立。据传石柱县名来源于此。万寿山上平下险，四面断崖绝壁，唯东西有一小径可出入，真是"一夫当关万夫莫开"。秦良玉沿山崖修筑了城墙，构筑了三道寨门，设置了指挥中心和练兵场，安放了"大将军""二将军""三将军"三门火炮和滚木檑石，设置了烽火台等，可谓固若金汤。

顺治五年春，当时四川，包括石柱尚属于南明永历政权桂王朱由榔管辖，明室宗亲朱容藩被桂王任命为总制，而李乾德、杨乔然、江尔文又先后以巡抚身份到四川，各自设府立署，官多于民，大家都拥有军队，各自称雄为王。因桂王总督樊一衡保护叙州，解广西之危，四川传言桂王朱由榔已死，此时朱容藩自称监国、天下

兵马副元帅，建行台于
夔州，称制封拜。朱由
榔知道后，派大学士吕大
器督师四川。到了六月，
朱容藩聚兵十万，欲据
蜀称王，改忠州为"大
定府"，号其城门为"承
运门"，铸侯伯将军督
府印，拟文遍封四川文
武官员。石柱宣慰使马
万年不受朱容藩管辖，
朱容藩派人来石柱征粮，
石柱不给。由此怀恨在
心，便结谭宏、谭文聚
十万余之众，攻打石柱，

万寿山秦良玉修建的寨墙遗址，几
百年后依旧挺立

烧毁大都督府和土司署，以及县城部分民房。秦良玉的孙子马万年
土司面对累卵危局，大义凛然，按照祖母秦良玉的"今四川亡唯石
柱完，我死，寇必至，城东南六十里万寿山，上平下险，吾近积粮
草火药于此，有警，可率兵民往避"的临终嘱咐，率领一万余土家
白杆兵和群众，在石柱县东南万寿山上，树起了保境安民的大旗。

叛军将万寿山围困得水泄不通，妄想困死马万年及白杆兵。秦
良玉的孙子马万年土司打开秦良玉留给他的锦囊妙计，终于想出了
一套克敌制胜的办法。

首先，马万年选派一批精明强壮、武艺高超的白杆兵，用长绳

从万寿山背后的悬崖下去，组织老百姓从龙河里摸起很多活蹦乱跳的鲤鱼，趁夜深人静，敌兵熟睡之时，偷偷运上山。第二天一早，山上擂鼓吹号，敌兵不知原因，一个个走出营帐，探头张脑地观望。这时，山上白杆兵把那一条条活鲜鲜的大鲤鱼摔向他们面前，还听见有人高叫："万寿山上田土多，池塘鲤鱼翻金波，柴方水源真不错，再困三年无奈何！"

"山下敌兵围山辛苦，吃尽苦头，送上大鲤鱼慰劳慰劳你们……"

敌兵本身缺粮腹饥，见到鲜活的鲤鱼，欢喜得不得了，个个去抢鱼，抢着抢着就撕打起来。敌军主帅见状，急忙下令后退三里，另行安营，扬言谁再抢鱼就斩。但整个敌军心已乱，认为万寿山上鱼肥水清粮草富足，要想困死白杆兵，置白杆兵于死地是不可能的。

趁敌兵思想产生动摇的时候，白杆兵将士又从山上剥回一尺多大的树皮，卷成六七尺长的筒筒，外面用一层薄纸糊上，再用锅烟墨涂黑，放在做好的木架上，一头高，一头低，能升能降，一共做了七八个，安放在营寨周围的隘口上。敌兵从远远的山脚下看到山上的寨门和险要道口，都安上了威风凛凛的神威大炮，一个个吓得缩头伸舌，心惊肉跳。他们想，这万寿山不但有充足的粮草和饮水，还有制造神威大炮的工厂，说明山上地势宽阔，人口众多。要想攻下它，非常困难，不能轻举妄动。这样一来，敌兵刚来时那股横冲直撞、不可一世的嚣张气焰，渐渐消下去了。

马万年又安排白杆兵去山上砍了很多楠竹，把豆类、小麦、马粪等一起捣烂，装进楠竹筒，筑成大便状，甩下山去，敌兵一看白杆兵的大便这么粗，这么长，可想而知，白杆兵是多么高大，心里早已畏惧几分。马万年还叫白杆兵将打好的许多一尺多长的草鞋把后跟捶烂扔下山去，敌兵一看，误以为白杆兵穿的草鞋这么长，人不知有多高大、勇猛，敌军个个贪生怕死，畏缩不前。

秦良玉在北方抗击清兵时，就因为她率领的白杆兵英勇善战，威震敌军。因此，围困万寿山的敌兵，最怕秦良玉的白杆兵出战。事实上，这时秦良玉早已不在人世，但她的白杆兵已摸清了敌兵厌战、军心不稳的特点。白杆兵们商议之后，还弄稻草扎成一个脚长、手粗、身材魁梧的人身，再用泥巴调匀石灰，塑一个五官端正、仪表威严的人头像安在上面，穿上秦良玉的白银绣花战袍，手持闪闪发光的鸳鸯宝剑，放在帅忠堂那杆迎风猎猎的杏黄牙边狼牙大旗下。

第二天一早，万寿山上，浓雾轻飘，山峦沉寂，突然铁炮震天，鼓角四起，天翻地覆的喊杀声中，寨门大开。白杆兵将秦良玉的塑身推到第一寨门口，高高站着，好像要冲下山去大战一场。敌兵见了，吓得胆战心惊，屁滚尿流，马上像湖水一样退走，一路上自相践踏，死伤无数，活着的还不断地狂喊："快逃啊！秦太保杀下山来了！快逃呀！不逃就没得命了……"

与此同时，舍人马千勇、马千尔兄弟二人守护龙骨寨，深夜，率白杆兵数人，乘敌军熟睡之机，攀缘而入，杀敌数人，敌人醒来，不知所措，自相残杀。马千勇兄弟撤出营外，鼓角齐鸣，鸣锣呐喊，火光冲天，炮声震地，敌抱头鼠窜，乘夜遁去。马氏兄弟轻取三十级，到万寿山献捷，马万年大喜，嘉其胆略，拔地酬劳。外加李占春率部救援，朱容藩的几万大军撤离石柱，石柱复明抗清一直到顺治十六年（1659）才接受清朝授予的宣慰使，仍节制九溪十八峒。

民国石若愚在《旅行杂志》1945年第19卷四期《探访秦良玉佚事和遗迹》一文中写道："寨上固有铁炮三尊，呼曰大将军、二将军、三将军。现三将军断而为三节，每节掠长二尺五寸，口径约十厘米。以明代观之，固威力骇人之巨炮也。神威三将军虽身为三节，每节仍重不可当。曾有盗窃之，行不百伍，重量逐渐加大，直欲压死人，弃而遁。故铁价如此昂贵之今日，三将军安然无恙，亦耐人寻味事也。余大将军、二将军，现已不知去向，也许成了神仙，也许为国操劳，献身抗战矣。"时至今日，搁置三门大炮的炮台遗址犹存，前寨门两座炮台直对驻马关，以防从原蚕溪、河坝两边攻山之敌；中寨门一座炮台，在制高点上，可应对不同方位攻山之敌，使万寿寨固若金汤。

万寿山上的男石柱

万寿山上的女石柱

至今，万寿寨成为 AAAA 级景区，成为石柱遗存最多、保存最完好，土司文化最厚重的白杆兵古战场，也成为重庆石柱旅游观光的胜地。明代寨墙、捣火药石臼、白杆兵练兵场、秦良玉手迹"万寿山"遗墨、官井、杀人台、帅府等遗存，让人穿越时空，仿佛置身于 300 多年前，让人怀古思今，流连忘返。在万寿寨的前门两边，一副"奇山奇水此间宜有奇杰，寿民寿国随在可为寿征"的对联依稀可辨，横联是"万寿山"三个大字，横联右侧是"嘉庆己未孟春"，左侧是"廪生冉永焜立"六个小字。后寨门对联是"巍峨不亚前关险，镇静常俾后寨安"，横联是"后劲"两个大字，题款是"嘉庆己未年孟春"。在 200 多年前，古人用两副对联写出了万寿寨的雄伟和险峻，写出了石柱白杆兵的英勇和顽强！这两副对联沉淀为万寿寨的一道文化符号！

第七章　咏秦良玉的诗词歌赋

　　300多年过去了，不管历史的风云怎样变幻，秦良玉一直深受人民群众敬慕，受到名人学者爱戴，撰文赋诗赞誉者不乏其人。

一、褒　赞

　　万历二十七年（1599），秦良玉从夫征播州杨应龙之乱，战功第一，督臣李化龙打造银牌一面赠送给秦良玉，上书"女中丈夫"四字，以示旌异。

　　天启元年（1621），秦良玉率白杆兵浑河血战、镇守榆关有功，明熹宗御赐"忠义可嘉"匾额，并赐良玉诰命夫人，进二品服。

　　崇祯三年（1630），秦良玉万里勤王，夺回被清军占领的永平、遵化四城，崇祯皇帝优诏褒美，晋封秦良玉都督同知，挂镇东将军印。召见平台，赐彩帛羊酒，并赋诗四首旌其功。称赞秦良玉"学就西川八阵图，鸳鸯袖里握兵符"，是赛过许多奇男子的巾帼英雄，是应该将尊容画在麒麟阁上的国家大功臣。

　　清朝史官张廷玉赞秦良玉："一土司夫人，提兵裹粮，崎岖转斗，其急公赴义有足多者。"

清代两江总督陶澍在嘉庆二十四年（1819）冬，出任川东道时，夜宿西界沱，留下赞颂秦良玉"大节直同文相国""何须更论洗夫人，多少麟台愧颜色"的著名诗句，把秦良玉同文天祥相提并论，并认为就是洗夫人也愧色几分。

清末鉴湖女侠秋瑾，青少年时就以秦良玉、沈云英为楷模，在题《芝龛记》八章中高度赞美了秦良玉：

"古今争传女状头，谁说红颜不封侯。马家妇共沈家女，曾有威名振九州。"

"执掌乾坤女土司，将军才调绝尘姿。花刀帕首桃花马，不愧名称娘子师。"

"莫重男儿薄女儿，平台诗句赐娥媚。吾骄得此添生色，始信英雄曾有雌。"

1908 年，中国近代著名学者胡适称赞秦良玉："中国历史有个定鼎开基的黄帝、有个驱除胡虏的明太祖、有个孔子、有个岳飞、有个班超、有个玄奘，文学有李白、杜甫，女界有秦良玉、木兰，这都是我们国民天天所应该纪念着的。"

爱国将领冯玉祥赞颂秦良玉："纪念花木兰，要学秦良玉。"

文学巨匠郭沫若于 1944 年吟诗四首，称誉秦良玉是"石柱擎天一女豪""平生报国屡争先"。1960 年在题赵一曼烈士纪念馆的诗中，再次写下"蜀中巾帼富英雄，石柱犹存良玉踪"。1962年 7 月 31 日又撰文肯定秦良玉："一位女性，出于爱国热情，能够万里请缨，抗击侵略，这行动是可以令人感动的。""像她这样不怕死不爱钱的一位女将，在历史上毕竟是很少的。"

周恩来总理 1939 年 7 月在庆祝延安女子大学成立大会上的讲话中说道：向警予是我党的第一位女中央委员，第一任妇女部长，英勇牺牲了，我们不要忘记她。大家要学习我国历史上花木兰、秦良玉、蔡文姬等女英雄，学习宋庆龄、何香凝、向警予。

从皇帝到史学家，从总理到名人、到文学大家、到普通百姓，都对秦良玉一生英勇事迹进行了赞誉，诠释了秦良玉精神。那秦良玉身上到底有一种什么样的精神呢？我们家乡人把她归纳为"忠心爱国、保境安民"的崇高思想境界，"敢于担当、勇赴国难"的无私奉献情怀，"英勇顽强、不畏权势"的不朽英雄气概，"不爱钱财，清廉贞洁"的无上高贵品质！以下的诗词歌赋，无不是对秦良玉及其亲手创建的石柱白杆兵的赞赏。

二、楹　联

石柱太保祠楹联：

> 汉室将军甲第
> 明朝都督人家

> 阃门武烈垂千祀
> 两姓忠良保一方

> 秩显青宫加太保
> 军雄白杆拜金都

地列屏藩官崇宣抚
家传孝友世笃忠贞

绩懋红颜兵强白杆
官居总镇爵列通侯

以女性治军三十年为世界闺帏生色
退寇氛行道数百里保乡邦民族有功

白杆壮军威两朝忠义存遗庙
丹青酬将略百战勋劳寓节楼

石柱三教寺秦良玉墓联：

勤王有明祯巾帼一人饶将略
袭土符清懿锦袍百代仰官仪

北京四川营秦良玉祭龛联：

出胜国垂三百年在劫火消沉犹剩数亩荒营大庇北来桑梓客
起英雄于九幽地看辽云惨淡应添两行热泪同声重哭海天涯

忠州太保祠楹联：

> 红颜早展擎天手
> 白发犹悬捧日心

> 君王恩礼隋谯国
> 夫婿英雄汉尉佗

> 平台召对御笔题诗玉貌勤天颜旷古恩荣无二个
> 诸将论忠同时列传蛾眉光国史破荒体例是头回

> 季世出英雄父子兄弟同尽节
> 传家惟榮戟祖孙男女各能军

> 高尚书为同县名宦殉节金陵并世无愧惟此老
> 巴曼子是一乡先烈立功梓里后来居上又将军

> 庙貌建巍峨问当年堕节诸公谁堪俎豆
> 溪声流浩渺羡此地登坛一女再造河山

> 山海杨威，满门良将昭青史
> 平台对句，旷代奇才仰红颜

巴县双忠祠门联：

国士无双双国士

忠臣不二二忠臣

（双国士指忠州巴蔓子和秦良玉）

三、诗　词

崇祯皇帝赐诗四章

朱由检

学就西川八阵图，鸳鸯袖里握兵符。

由来巾帼甘心受，何必将军是丈夫。

蜀锦征袍手制成，桃花马上请长缨。

世间多少奇男子，谁肯沙场万里行。

露宿风餐誓不辞，呕将心血代胭脂。

北来高唱勤王曲，不是昭君出塞时。

凭将箕帚扫虏胡，一派欢声动地呼。

试看他年麟阁上，丹青先画美人图。

作者简介：

朱由检（1611年2月6日—1644年4月25日），明朝第十六位皇帝。明光宗朱常洛第五子，明熹宗朱由校异母弟，母为淑女刘氏。于天启二年（1622）年被册封为信王。年号崇祯（1627—1644），后世称为崇祯帝。

九日登西山[①]

马宗大

九日登西山，邀宾出城郭。

暂谢薄书忙，去践林泉约。

纡折上翠颠，高与青天约。

纵观天际空，眼底皆丘壑。

一水玉带[②]清，千嶂紫烟著。

草衰凤[③]自栖，山瘦狮[④]如搏。

菊花开城市，乔木隐楼阁。

遥望石柱峰，渺渺见云脚。

到来寻旗亭[⑤]，岁久风雨削。

昔率勤王旅，糇粮裹囊橐[⑥]。

征播首立功[⑦]，榆关听宵柝[⑧]。

逐杀崇明[⑨]党，戮驱张罗[⑩]恶。

闻得白杆兵，褫[⑪]却群寇魄。

克绍[⑫]伏波勋，老时犹矍铄[⑬]。

既留竹帛名，尚荫子孙爵。

相传有素琴，相随有野鹤。

对此清明候，俾我襟怀拓。

席地客同坐，彼此均脱略。

任把茰酒[14]斟，胜似帽吹落[15]。

一醉浑相忘，聊自乐其乐。

作者简介：

马宗大，字应侯，号南岩。应袭石柱宣慰司宣慰使。秦良玉元孙。

注释：

①西山：又名旗山、插旗山，与石柱县城隔河相对，西山翠旗为石柱古八景之一。此诗为马宗大于重阳节邀集友人游旗山时所作。

②玉带：玉带河，穿石柱县城而过。古八景之一有"宾流玉带"。

③凤：指凤凰山。

④狮：指狮子山。

⑤旗亭，旗山旧有亭，秦良玉建。今废。

⑥糇粮：干粮。橐：一种口袋。

⑦明万历二十七年（1599），秦良玉随其夫马千乘参加了平定播州土司杨应龙叛乱的战斗。战功居南川路第一位。

⑧榆关：山海关。明天启元年（1621）秦良玉曾带兵镇守渝关。柝：巡夜打更用的梆子。

⑨崇明：永宁土司奢崇明。天启元年九月，秦良玉曾带兵平定奢崇明叛乱。

⑩张罗：指农民军领袖张献忠、罗汝才。

⑪禠：夺去。

147

⑫克绍：克，完成；绍，继承。《书·盘庚上》："绍复先王之大业。"伏波，指马援。因军功显赫，拜伏波将军，封新息侯。

⑬瞿铄：形容老年人很有精神的样子。

⑭萸酒：指九月九日重阳节登高佩茱萸囊，喝菊花酒以去邪辟恶。《续齐谐记》："费长房谓恒景曰：'九月九日，汝家有灾，急令家人各作绛囊盛茱萸系臂，登高，饮菊花酒'。"

⑮帽吹落：晋孟嘉为桓温参军，温甚重之。九月九日温宴龙山，风吹嘉帽坠落，嘉不之觉。温命孙盛作文嘲嘉，嘉即答之，其事甚美。

明史杂咏之一①

严遂成

忠顺昔受封，慕华款贡市②。
功惟不内犯，而无臂指使。

石柱白杆兵，勤王万里行。
征播剿奢安，破走张罗横。

西南半壁天，孤撑一掌劲。
老寡百战余，安然考终命③。

木兰女儿身，戎装拖朝绅④。
伞盖拜君赐，于铄⑤洗夫人。

作者简介：

严遂成（1694—？），字崧瞻，号海珊，浙江乌程（今吴兴）人。雍正二年进士，乾隆元年举博学鸿词，后官云南崇明州知州。诗以咏史为工，七言律尤畅达豪健，善于议论。有《海珊诗钞》等传世。

注释：

①此组诗选自《补辑石柱厅志·艺文下》，共五章。

②款：诚，恳切。贡市：随贡使至指定的地点互市。

③考终命：老寿而死。

④绅：古代士大夫束在外衣的大带。

⑤于铄：光辉美盛之貌。《诗·周颂·酌》："于铄王师，尊养时晦。"毛传："铄，美。"

海　上

吴世贤

万里烽烟落日惊，蚕丛①愁听乱蛙鸣。

绣襦甲帐桃花马，知是夫人白杆兵。

降书昨夜出渔阳②，宝剑平提卸靓妆③。

愁说沙虫④与猿鹤，薛涛笺上报勤王。

青犊黄巾匝汉阴，将军百战阵云深。

悲凉冼氏成城意，慷慨曹娥⑤救父心。

忠孝神仙不二门，玉芝苕秀佛龛温。

竹林蕃露春秋笔，莫共香奁一例论。

注释：

①蚕丛：古蜀国帝王名，代指蜀地。或疑指蚕神，即青衣神，供奉在圣寿寺。石柱县圣寿寺在三星乡，破山禅师曾挂锡于此，题有"松鹤万年"龙蛇体匾额。

②渔阳：古县名。秦置。治所在今北京市密云区西南。

③靓妆：以脂粉装饰曰靓妆。左思《蜀都赋》，"都人士女，祛服靓妆。"

④沙虫与挂鹤："猿鹤虫沙"，亦作"虫沙猿鹤"。《太平御览》引《抱朴子》："周穆王南征，一军尽化，君子为猿为鹤，小人为虫为沙。"用以比喻战死的将士。

⑤曹娥：东汉孝女，上虞人。父盱，五月五日溺死，不得尸。娥时年十四，昼夜沿江号哭。旬有七日，遂亦投江死，五日背父尸而出。

秦良玉锦袍歌

赵　翼

卸了罗襦缚袴褶①，提兵累赴疆场急。

战袍裂尽锦袍存，犹带当年泪痕湿。

召对平台②拜赐时，为旌健妇胜须眉。

五色绣成宫女线，九张机织尚方③丝。

可怜此赐非轻得，历历忠勋九重识。

奢安军变定川南，遵永城亡趋直北。

世间有此女英雄，授以男官总兵职。

俄惊烽火满夔巫，东荡西驰更剿贼。

扑面尘沙当粉涂，满头蓬葆临风帱④。

纵有罗纨岂暇披，甲裳血污淋漓赤。

百战山河到夕曛⑤，茫茫浩劫寒妖氛。

高牙大纛皆巾帼⑥，翻仗创残娘子军。

陆谷迁移⑦成一梦，廿年心力堪悲痛。

一九泥遂闭函关⑧，千树桃仍卷⑨秦洞。

老寮宁将瑟再谈，故侯⑩自有瓜堪种。

此袍犹是旧君恩，盥手开缄时一诵。

什袭收藏付后人，扶南犀杖泣亡陈⑪。

敢论袀⑫服黄金甲，聊返初衣白氎⑬巾。

遗笏魏家先世泽，传衣曹洞昔时珍。

随他谯国高凉冼，锦伞重夸岭外巡。

作者简介：

赵翼（1727—1814），清史学家，文学家。字云崧，一字耘松，号瓯北，江苏阳湖（今武进）人。乾隆二十六年进士，官至贵西兵备道。旋辞官家厨，主讲安定书院，专心著述。他长于吏学，考据精赅。论诗主张"独创"，力反模拟。著有《廿二史札记》《陔馀丛考》《瓯北诗钞》《瓯北诗话》等。

注释：

①罗：稀疏而轻软的丝织品。襦：短衣，短袄。袴：胫衣，类似套裤。褶：夹衣。

②平台：在北京旧紫禁城内，即清和殿之后右门，明时为皇帝召见群臣之所。

③九张机：宋"转踏"词名。今存两篇，俱无名氏作。内容写妇女织丝时的情景，自一张机至九张机，故名。尚方：官署名。主造皇室所用刀剑等兵器及玩好器物。

④蓬葆：比喻头发散乱。栉：梳头。

⑤曛：日落时的余光，引申为黄昏。

⑥牙：牙旗，将军的大旗。纛：古代军队里的大旗。

⑦陆谷迁移：意为陆地变成海洋，海洋变成陆地。这里喻挽救行将灭亡的明朝。

⑧一丸泥遂闭函关：函关指函谷关。《乐观汉记》二三《隗嚣载记》："嚣将王元说嚣曰：'元请以一丸泥为大王封函谷关，此万世一时也'。"比喻地势险要，用丸泥封塞，即可阻敌。

⑨罨：掩盖，覆盖。秦洞：借喻桃花源，泛指石柱为当年避兵处。

⑩故侯：指秦东陵侯邵平。秦亡后为布衣，种瓜长安城东以自给。

⑪扶南犀杖泣亡陈：扶南，旧县名。在广西壮族自治区西南部。《资治通矩·隋纪》载：（陈亡后）岭南未有所附。数郡共奉高凉郡夫人冼氏为主，号圣母，保境据守。诏遣柱国韦洸等安抚岭外……洸等不得进。晋王广遣陈叔宝遗夫人书。谕以国亡，使之归隋。夫人集首领数千入，尽日恸哭，遣其孙冯魂帅众迎洸。……表冯魂为仪三司，册冼氏为宋康郡夫人。

⑫袀：戎装。

⑬氎：细棉布。

秦良玉遗像

沈钦圻

缦缨银胄垂红缕①，袆裆②耀日风前披。

满月粉颊扬青眉，绣旗翻翻拥长铍③。

谁人结束整队伍，知是石柱女土司。

英雄自古出巾帼，投石战场壮颜色。

当年平靖奢崇明，一骑红装万人敌。

手持长绳入贼阵，缚贼归来向空掷。

思宗季年④纷战争，勤王誓师万里行。

至尊一语表英武，桃花马上请长缨。

后来献贼入巴蜀，猰𧳅⑤不遗横杀戮。

勤王兵残势穷蹙，子丧弟死⑥一身独。

连斩六贼力已殚，拔刀自刎⑦身不辱。

忠勇义烈兼有之，女中张许谁能续。

即今遗像余桓桓，推激人间壮士肝。

愿将效死沙场女，追配从军古木兰。

沈归愚尚书⑧曰：千古奇人，诗亦极力写之。《明史》谓良玉寿终于家，与此诗异，然良玉为先大父同时人，亦似有据，岂所云传闻异辞者矣。

注释：

①缦缨：无文采的帽带。胄：古代战士作战时戴的帽子。

②袆裆：袆，缝；裆，坎肩背心之类。

153

③铍：剑。

④季年：晚年。

⑤龆龀：龆和龀，均指儿童换齿。

⑥子丧弟死：子马祥麟，战死于崇祯十四年的襄阳之役；弟秦民屏，天启四年随黔抚王三善死于大方之难。

⑦拔刀自刎：此说不确，秦良玉实于市明永历二年（1648年，清顺治五年）戊子岁卒于石柱家中。

⑧沈归愚：沈德潜，清代著名诗人。字确士，号归愚，江苏长洲人。乾隆四年进士。官至礼部侍郎加尚书衔。

吟秦寡妇诗

张　临

卸却金钗挂虎符①，提兵十万上皇都。

西南嫠②妇援东土，愧杀中原少丈夫。

注释：

①虎符：古代帝王授予臣属兵权或调发军队的信物。用铜铸成虎形，背有铭文，分为两半，右半留存中央，左半发给地方官吏或统兵的将帅。调发军队时，须由使臣持符验合，方能生效。

②嫠：寡妇。

谒秦夫人庙

王萦绪

裙钗旗鼓作长城，流寇心寒白杆兵。

一纸诏书随出入，左侯应自愧同名。

乾坤至此是何时，一旅勤王女使司。
召对平台宸翰下，孰为巾帼孰须眉。

将才妇德两无双，中岁抚孤安此邦。
侍女戎装严内外，冰心千载照清江。

辞章韬略两难全，闺阁奇才且并娴。
血染锦袍才解下，雅歌又动夕阳天。

庙塑容颜真末真，百年剑珮冷南宾。
只今青史芳名在，忠勇休声不计春。

作者简介：

王蓥绪，字成祉，号天馥，一号莲峰，山东诸城进士。乾隆
三十五年由丰都县知县升任石柱直隶厅抚民同知。莅位十三年，卓
著频丰。

谒秦夫人墓

王蓥绪

惆怅松风谡谡声①，肃瞻高冢忆生平。
指挥欣仰红裙帅，披靡惊闻白杆兵。
鸳袖折冲推长子，龙章宠锡②动神京。

于今剩有佳城③在，衰草苍凉岁几更。

注释：

①惆怅：伤感，愁闷。谡谡：劲挺有力的样子。

②龙章宠锡：龙章，称颂帝王的文章和书法；宠锡，恩锡，优厚的赏锡。

③佳城：旧时称墓地为佳城。

五　古
史钦义

读前人题秦夫人诗，口什虽富，近体居多，余恐世之不尽悉其事也。为备述颠末，作五古一章，亦乐府遗意云尔。

木兰昔从军，讳藏女子迹。

代父成厥功，纯孝光竹帛。

诋若孝移忠，慷慨冒金镝。

夫本伏波①裔，抚司久登陟。

播匪②肆跳梁，奋呼惊辟易。

贼平不受恩，奇祸生肘腋③。

枉陷貂珰④诬，瘐死云阳狱。

夫死妻袭封，土官有定职。

夫人忠州产，经史罗胸膈。

凤擅韬略长，胆饶万人敌。

旗张白杆兵，闻名群丧魄。

况有同胞勇，联缀结同泽。

料敌当岁除，夜袭破七栅⑤。

李督⑥妒奇勋，首功暗弢匮。

泰昌⑦忽征兵，赴援临绝域。

进师渡浑河，榆关轰霹雳。

章服⑧锡二品，堂悬忠义额⑨。

奉命率众归，抵家甫一夕。

东川纷告变，蔺贼⑩骤卷席。

侧目赂多金，甘言媚千百。

开辕赫震怒，斩使祭旗纛。

尽出犒三军，助我壮行色。

疾趋驻南坪⑪，潜渡归路扼。

分张袭两河，各各授训饬。

一鼓遂成擒，四邻赖安宅。

载破吕公车⑫，回救渝城厄。

运筹兼决胜，川东奏恢复。

进爵总兵官，厥子功亦敌。

三关⑬及两河，转瞬拔辛螯⑭。

贼平叙战功，朝廷屡优恤。

泣曰寇未殄，臣力安敢息。

四方矧⑮告警，寇盗实充斥。

黔抚⑯受人欺，已平复反侧⑰。

誓不共戴天，尽灭方朝食。

维时念畿辅，荒旱千里赤。

征兵号勤王，各镇均踯躅。

157

兼程独应命，都人歌拍拍。

召见自平台，帝心涣冰释。

四诗亲笔书，戎装易巾帼。

永平初戒严，百丈[18]竟谋逆。

钦命急遣还，子媳守禁掖。

二王[19]何猖狂，凤也双折翼。

献贼势滔天，母子交搏轙。

张去罗复来，斩俘八千馘。

贼首生归降，蹂躏遍阡陌。

阵势列堂堂，威风振赫赫。

同心一二辈，何须再飞檄。

蔷何左邵[20]蠧，均为甜言溺。

细柳[21]娘子军，忠言恨阻抑。

顿令独木支，大厦遂崩拆。

抢地复呼天，哀戚气填臆。

婺星亦堕芒，弥留善遗策。

万寿[22]潜埋兵，寇来不敢逼。

全活一境人，邻境普沾益。

生能壮国威，死尚仗驱贼。

皇朝识投诚，旧衔降帝敕。

代延宣慰司，六传失冢嫡[23]。

恩命改流官，通判承遗式。

我来肃抠农，伟貌想奕奕。

朝铭铜柱功，庙看贞珉[24]泐。

愧杀须眉人，勋绩光蜀碧㉕。
　　田电郁苍苍，千古表帮特㉖。

作者简介：

史钦义，浙江余姚副贡生。乾隆五十七年署石柱直隶厅抚民同知。

注释：

①伏波：汉伏技将军马援，传为马千乘先祖。

②播匪：指播州土司杨应龙。

③肘腋：比喻切近的地方。

④貂珰：指明万历中叶四川矿使税监邱乘云。

⑤《明史·秦良玉传》："明年（万历二十八年）正月二日，贼乘官军宴，夜袭。良玉夫妇首击败之，追入贼境，连破金竹等七寨。"

⑥李督：指川、湖、贵军务总督李化龙。

⑦泰昌：明光宗年号。

⑧章服：古代以日、月、星辰、龙、蟒、鸟、兽等图文作为等级标志的礼服。

⑨忠义额：指"忠义可嘉"匾额，为天启二年熹宗御赐，悬挂在石柱秦良玉大都督府内正殿上。

⑩蔺贼，指明永宁宣抚使奢崇明。

⑪南坪：即南坪关，在巴县南一百五十里南阳江边。

⑫吕公车：天启二年正月奢崇明进围成都时所使用的一种武器。《蛮司合志》载：有物如舟，名旱船，高丈许，长五百尺，为

重屋，篝左右而板，其中伏力士百人，张以毒弩；而以一人仗剑，载羽旗，驱牛数百头运石觳行。

⑬ 三关：指二郎关、佛图关、南坪关。

⑭ 螫：有毒腺的虫子刺人。

⑮ 矧：况，况且。

⑯ 黔抚：指王三善。天启四年正月，王三善自大方还贵州，被降将陈其愚勾结叛苗俘虏后杀害。

⑰ 反侧：反复无常。

⑱ 百丈：关名。在四川广元市境内。

⑲ 二王：指农民起义领袖王嘉胤、王自用。

⑳ 左邵：指左良玉、邵捷春。

㉑ 细柳：汉周亚夫驻军细柳，纪律严明。比喻以秦良玉为主帅的白杆兵。

㉒ 万寿：万寿山，在石柱城东四十里。《四川通志》载：万寿山，周围深沟大箐，四面峭壁悬崖，此山屹然立。明都督秦良玉曾修寨堑，以保忠、丰、涪、万数万人于此。

㉓ 冢嫡：继承者。

㉔ 贞珉：刻碑之美石。

㉕ 蜀碧：书名。清彭遵泗著。

㉖ 帮特：帮，国家；特，杰出者。《诗·秦风·黄鸟》："百夫之特。"帮特，谓国家杰出的人物。

题北京四川营①

李　惺

当时勤王上王京，桃花马上请长缨。

蒸天凶焰黄巾贼②，震地威棱白杆兵。

金印久传三世将，绣旗争看四川营。

至今秋雨秋风夜，仿佛笳声杂纺声③。

作者简介：

李惺（1785—1863），字伯子，号西沤，四川垫江人。清嘉庆二十二年（1817）进士，入翰林院庶吉士，授检讨。迁詹事府左赞善，乞养归。主讲锦江书院二十年。著名的教育家和文学家。著有《西沤外集》和《西沤文集》。清同治二年（1863）病逝于成都，终年七十八岁。

注释：

①四川营：秦良玉驻兵遗址，在今北京市宣武门外骡马市大街胡同。

②蒸：点燃，焚烧。黄巾贼：借指金兵。

③笳声杂纺声：笳声，古乐器胡笳演奏声，流行于塞北和西域一带，此谓后金军侵迫北京。纺声：纺线声。勤王时，秦良玉的女兵在此从事纺织。

晚泊西界沱寄题秦良玉旧楼

陶 澍

忠州女子天下奇，父是秀才夫土司。

天生智勇不世出，坐令巾帼惭须眉。

词翰淹通意娴雅，锦袍艳照桃花马。

天子临朝识姓名，请缨独对平台下。

白杆之兵锐无前，巨寇亲擒射塌天[①]。

弟兄死国身许国，平生忠义何皎然。

陆知州[②]，诚可耻，肉眼不识奇女子，

抽刀断袖应羞死。邵捷春，亦庸才，

坐受屠戮吁可哀。吾谋不用意如此，

呜呼群鼠真来哉。夔门已失关塞黑，

忍使此身重事贼？闭关坐卧小楼中，

大节直同文相国[③]。何须更论冼夫人，

多少麟台愧颜色。

作者简介：

陶澍（1779—1839），湖南安化人，字子霖，号云汀。嘉庆进士。由翰林院编修升御史，历任户科，吏科给事中。道光时官至两江总督加太子少保兼管盐政。有政绩。著述有《印心石屋诗文集·奏议》《蜀輶日记》《陶渊明集辑注》等。

注释：

①射塌天：原名李万庆，延安人。明末农民义军十三家首领之

一。崇祯十二年四月降于明官军左良玉。十四年，被李自成缢杀于襄城。

②陆知州：指已罢绵州知州陆逊之。

③文相国：文天祥（1236—1283），南宋著名爱国将领。

和陈云楣题秦夫人砚歌

程尚濂

秦夫人，真将军，将军能武复能文。

白杆纵横万人敌，奇功书作垂天云①。

生小学书仍学剑，草檄飞书遗一砚。

片石真同玉带生，血染阽糜泪珠溅。

一出乎播州，再出歼奢酋。

河山破碎箭满眼，

乃欲孱妇全此已缺之金瓯。

督师②早以蜀为壑，中丞已入贼之彀。

请缨则易借箸难，万夫之雄一个弱。

孤军慷慨歌勤王，努力撑拄支危疆。

平台召见诚仅事，况复宸翰垂煌煌。

云楣居士拜祠庙，落日西风一凭吊。

为感高歌泣鬼神，琼瑶竞作投桃报。

砚修七尺广半之，古制浑浑森角圭。

惜哉将军遗墨尽，

煨烬③岿然此砚犹与名山垂。

我来不觉摩挲久，虹气犹疑贯星斗。

圣世褒忠一传尤峥嵘,

吁嗟! 万古珉齐不朽。

注释:

①垂天云:《庄子·逍遥游》:"鹏之背, 不知其几千里也,
怒而飞, 其翼若垂天之云。"此处喻又高又大。

②督师:指杨嗣昌。

③煨烬:犹灰烬。燃烧后的残余。

谒秦夫人庙

徐久道

屹屹江南一柱峰, 灵奇端为女元戎。

早开幕府称娘子, 独上平台动帝容。

白杆红裙惊战伐, 美人名马识英雄。

前朝大局孙卢①逝, 又使夫人继二公。

狼驱豕突扫如焚, 更别贤奸不乱群。

勇率佳儿忠率妇, 节还夫子义还君。

一腔热血今犹碧, 百战奇功古未闻。

个个须眉齐俯首, 玉音楼下拜将军。

作者简介:

徐久道, 字西云, 贵州黔西进士, 道光五年署石柱直隶厅抚民
同知。七年离去。

①孙卢：指孙承宗、卢象升。俱为崇祯朝抗清名将。

四川营谒秦太保祠
秦淮月

记得将军此驻兵，至今犹号四川营。

勤王大义昭前代，收族末光逮后生。

初享乡人新俎豆①，长留女帅旧名声。

登堂拜谒频聊荐，不尽同支望古情。

纵横寇盗若云屯，孰肯忧危体至尊。

一屋忠臣征妇教，四章宸翰见君恩。

远遗军垒留燕蓟，近剩征袍付子孙。

口喜冼夫人以后，桃花战马出吾门。

作者简介：

秦淮月（1834—1932），原名秦光升，字印潭，号印川，石柱
直隶厅马武坝杨柳湾人。光绪十七年恩贡生。著有《滴翠轩诗草》
四卷。

注释：

①俎豆：俎和豆都是古代祭祀用的器具。引申为祭祀、崇奉
之意。

题《芝龛记》

秋 瑾

古今争传女状头，谁说红颜不封侯？
马家妇共沈家女，曾有威名振九州。

撑撑乾坤女土司，将军才调绝尘姿。
靴刀帕首桃花马，不愧名称娘子师。

莫重男儿薄女儿，平台诗句赐蛾眉。
吾侪得此添生色，始信英雄亦有雌。

百万军中救父回，千群胡马一时灰。
而今浙水名犹在，思见将军昔日才。

谪来尘土耻为男，翠鬶荷戈上将坛。
忠孝而今归女子，千秋羞说左宁南。

忠孝声名播帝都，将军报国有良姝，
可怜不倩丹青笔，绘出娉婷两女图。

结束戎妆貌出奇，个人如玉锦驼骑。
同心两女肩朝事，多少男儿首自低。

肉食朝臣尽素餐①，精忠报国赖红颜。

壮哉奇女谈军事，鼎足当年花木兰。

作者简介：

秋瑾（1879—1907），字睿卿，号竞雄，别署鉴湖女侠。浙江山阴（今绍兴）人。光绪三十年甲辰（1904）赴日本留学，次年参加同盟会。归国后致力于资产阶级民主革命，后在积极准备皖、浙起义时，在家乡被捕殉难。善诗歌，早期诗作表现高洁的人品，笔调雄健，感情奔放，渗透着爱国主义的革命激情。著有《秋瑾集》。

注释：

①素餐：不劳而坐食。《诗·魏风·伐檀》："彼君子兮，不素餐兮。"赵歧注："素，空也，无功而食禄，谓之素餐。"

咏明季秦良玉事

国　魂

五花战马千金戟，马上红妆能杀贼。

健儿罗拜秦将军，气盖西川貌倾国。

平台召见诗宠行，天子临轩赐颜色。

宫锦归来换战袍，镂金错绣皆天泽。

崇祯之际军政荒，本兵独倚杨嗣昌。

尽驱流寇入巴蜀，斩刈黔首①如牛羊。

白杆纵横三十万，将军尽室来酣战。

旌旗五色阵云高，帐下女儿亦骁悍。

烽火连天茄震地，杀贼愈多气愈厉。

贼中望见锦袍来，百万雕戈②同日弃。

雪花如席天漫漫，锦袍虽暖边风酸。

寄农一千五百袭，将军爱士同饥寒。

张令军前鼓声死③，本兵不恤将军耻。

峒兵二万请分廪，妾家甘为朝廷毁。

巡抚巡按嗟何人，刘之勃与邵捷春。

按图扼要十三处，奇策不用空因循。

此时锦袍惨无色，半污蛮血沾征尘。

沙场不战蛾眉老，画像敢望登麒麟。

成都一破金陵裂，石柱孤城坚似铁。

巾帼蒙恩四十年，耿耿丹心照边月。

美人名将兼纯忠，天以寿考酬其功。

左家良玉愧且死，晚节一败非英雄。

注释：

①刈：割。黔首：战国及秦代对国民的称谓。

②雕戈：精美的武器。

③张令：永宁宣抚司人。初为奢崇明部伪总兵，降明官军后为参将，晋迁至副总兵。能开五石弩，军中号"神弩将"。崇祯十三年九月，与秦良玉一道赴夔东抵抗张献忠等农民军时，战死竹菌坪。

咏秦良玉四首

郭沫若

石柱擎天一女豪，提兵绝域事征辽。

同名愧杀当时左，只解屠民意气骄。

兼长翰墨世俱钦，一袭征袍万里心。

艳说胭脂鲜血代，谁知草檄有金音①。

平生报国屡争先，隆武②新颁瞬二年。

八月关防来蜀日，南朝天子又宾天③。

萑苻④满目咎安归，涨地胡尘接紫微⑤。

无复当年风虎意，空余白杆映斜晖。

作者简介：

郭沫若（1892—1978），四川乐山人。中国现代杰出的作家、诗人、历史学家、剧作家、考古学家、古文字学家，著名的社会活动家，是继鲁迅之后中国文化战线上的又一面光辉旗帜。现有《郭沫若全集》存世。

注释：

①金音：金音石。作者原注：石柱县有金音石，可制砚，传说秦良玉草檄用之。

②隆武：南明唐王朱聿键称帝所用的年号。1645年改元，翌年

八月失踪。

③宾天：指帝王之死，

④萑苻：泽名。《左传·昭公二十年》："郑国多盗，取人于萑苻之泽。"后因称盗贼出没之处为萑苻。这里代指明末农民军。

⑤紫微：紫微垣，天区名。按《步天歌》，为三垣的中垣。这里代指明室朝廷。

题女英雄秦良玉遗像

周静安

巾帼戎装世罕闻，桃花马上请长缨。

夏矛金甲真英武，谁敌秦家白杆兵。

谒明忠贞侯秦良玉墓

程友民

旗山点翠阵云横，故老争传白杆兵。

未许胡儿窥帝座，岂容贼马践川氓。

擎天石柱传千古，盖世功名动九京。

剩有将军遗墓在，我来展拜雨初晴。

遭遇同为傲世①官，一隅守土自心酸。

奇谋空有两三下，浩劫欲回十九难；

万寿山中藏米麦，回龙坡上葬衣冠。

千秋遗爱夕阳里，带水拖兰雨后看。

作者简介：

程友民：民国三十六年任石柱县长，翌年卸任离去。

注释：

①傲世：乱世。

《芝龛记》题词之二

杨　超

昭忠表孝绘兴亡，逸史幽光特笔扬。
谱出词坛新乐府，梅花细嚼和宫商。

金声玉律韵清和，麟阁前朝女节多。
大雅①传来光史册，香魂千载未消磨。

受职分曹各有班，时艰报国剩红颜。
酒阑读罢清秋夜，血泪空弹同一湾。

蛾眉忠义动乾坤，劣马轻装率虎贲②。
金鼓令申云阵列，奇兵白杆敌惊魂。

箫声缥缈入云天，描写当年弄玉③仙。
不有裙钗撰④甲胄，播州猖獗入西川。

秦媛义勇九天闻，忠孝谁将汉土分。
养士国恩三百载，凛冽名节女将军。

171

勤王粉面觐天颜，不事云鬟列将班。

奏答新诗和泪著，几回频感御书颂。

注释：

①大雅：指大才，高才。《文选·班固·西都赋》："大雅宏达，于兹为群。"

②虎贲：勇士。《书·牧誓序》："武王戎车三百两（辆），虎贲三百人。"孔颖达疏："若虎之贲（奔）走逐兽，言其猛也。"

③弄玉：秦穆公的女儿，与箫史是古代传说中的一对神仙夫妇。箫史善吹箫，能以箫作鸾凤之音。弄玉也好吹箫，穆公将女儿嫁给箫史。数年后，弄玉乘凤，箫史乘龙，升天而去。

④撺：穿。

《芝龛记》题词之八

宋启传

名同①实异最堪嗔，枉作皇家食禄臣。

良玉不良真是左，土司有土应归秦。

兵称白杆军威壮，诗赐黄绫御墨新。

不有写生繁露②手，忠魂千载叹沉沦。

注释：

①同：指秦良玉同时同名的左良玉。

②繁露：指《春秋繁露》，西汉董仲舒著。

172

附一：秦良玉遗物重庆展览纪实

据中华人民共和国成立前曾在石柱县教育科工作，并亲自护送秦良玉遗物到陪都重庆展览的廖集云回忆，1944年初春，石柱县政府传达兵引着一个穿军服的人到县政府办公室，说是重庆说文社社长卫聚贤派他到石柱来收集民族英雄秦良玉遗物到重庆展览，激发重庆广大市民抗战热情，并着重说明是国民政府军委政治部三厅厅长郭沫若的主张。

后来才知道来人叫郭汝玲，是说文社的业务科长。说文社社长卫聚贤是山西人，孔祥熙的表兄弟。卫聚贤（1898—1989），号卫大法师，中国现代考古学的奠基人之一，清华国学研究院毕业，曾任国民政府教育部编审、南京古物保存所所长、上海暨南大学教授、香港东方文化研究院研究员。后去台。长于考据、考古、文字学。出版有《中国考古学史》《中国考古小史》《古史研究》《中国社会史》《古今货币》《古器物学》等。任中央银行秘书，是研究甲骨文与史学的清华高才生，与郭沫若厅长交往甚密。说文社既办《说文》月报，又承印各类印刷品，郭卫两个人在研究明史中，了解到秦良玉，故派人到石柱收集遗物。郭汝玲还说，郭厅长反复强调，"只要是秦良玉遗物，不论多少都要收集起来"。

经过县人三天努力，收集到秦良玉锦袍一件，为崇祯皇帝所赐；太子太保总镇关防印鉴一颗，为南明隆武帝所赐；象牙朝笏一具，上朝用；丝质软底白缎面套鞋一只；白杆枪半截 1.2 米长；头盔一顶。

三月二日，廖集云、佘德余、熊南侠、马杨舜贞（石柱土通判）等一行 5 人赴渝送展，到重庆是下午 6 点钟，直到朝天门一个小巷，经过过街楼、小天井，就是卫社长的撰写室，室内古物琳琅满目。他们把我们安排在聚贤楼上居住，这里是郭沫若厅长经常研古论今的场所。

经过两天的准备与宣传，3 月 8 日终于在民族路一个业余俱乐部的大厅如期展出。以一张乒乓球台摆放锦袍，另一张餐桌陈放其他遗物。当天前来参观的人数达 2500 多人次，当时一张门票铜板 3 个即 600 钱，当天收门票 1500 吊。尽管那天细雨绵绵，郭沫若厅长仍穿着雨衣前来了解展出情况。就在郭沫若厅长到达时，一群人蜂拥而至，要求用太子太保总镇关防给每个人在印制的横幅上盖个印鉴，以作纪念。郭厅长欣然同意，每份收工本费 2.4 吊，即银圆一角。

郭沫若厅长在展览期间，对秦良玉推崇有加，在 3 月 13 日晚上的天宫府街住所，奋笔疾书七绝四首：其一，石柱擎天一女豪，提兵绝域事征辽，同名愧杀当时左，只解屠民意气骄。其二，兼长翰墨世同钦，一袭征袍万里心，艳说胭脂鲜血代，谁知草檄有金音。其三，平生报国屡争先，隆武新颁瞬二年，八月关防来蜀日，南朝天子又宾天。其四，崔苻满地咎安归，涨地胡尘接紫微，无复当年风虎意，空余白杆映斜晖。第二天，也就是 3 月 14 日郭沫若厅长四首诗被说文社赶印发售，被争抢一空，有的一人就买了 100 份。为满足需求，只好昼夜加印。

在写诗之前，郭沫若厅长还写了《甲申三百年祭》登载在《新华日报》和《大公报》上。

石柱县借郭厅长与卫聚贤休息之机，提出石柱县要办一所良玉中学，郭厅长点头应允，将良玉女子中学募捐启事写好后，由郭沫若厅长亲笔修改，印制订成 60 页的募捐小册子，送请孔祥熙领衔签字，孔祥熙的太太宋霭龄和小姐要求把秦良玉遗物送到孔公馆看后再签。3 月 18 日，中央银行开来小轿车，将遗物送至，他一家人饱享眼福。孔家二小姐还将锦袍披在身上让宋霭龄看，神气十足地说："看我像不像秦良玉。"之后，孔祥熙愉快地在募捐册子上第一个签了发起人的名字。后来据传，宋氏三姐妹都分别捐了1000 吊。

之后，石柱县又提请郭沫若给桥头私立导远中学题写校名，郭沫若厅长欣然应允，用行楷字体将导远中学改名道远中学，去掉了寸字，寓意为任重道远，并署名郭沫若题。

在重庆展览了十几天，成都也要求去展览，说文社仍印制2000 多份郭沫若厅长四章和盖有太子太保总镇关防的印章支持，并赞助旅食费。

在离开重庆之前，重庆林森路有一个很有影响的妇女组织，叫四维社，邀请护展的秦良玉之后马杨舜贞题词留念。第二天，马杨舜贞写了"四维既张，于国有光"的横幅，上款民国三十三年春，下款，秦太保九世孙妇马杨舜贞题。秦良玉遗物在重庆的展览，激发了重庆市民全民抗战的热情，为抗日民族战争胜利增添了很多政治力量和精神力量。

1962年4月9日，郭沫若为他的黄埔校友女英雄赵一曼题诗时，又想起了秦良玉：

> 蜀中巾帼富英雄，石柱犹存良玉踪。
>
> 四海今歌赵一曼，万民永忆女先锋。
>
> 青春换得江山壮，碧血染将天地红。
>
> 东北西南齐仰手，珠河亿载漾东风。

注：郭沫若1962年7月31日致《四川日报》编辑同志的信。见1987年四川大学出版社出版的《秦良玉史料集成》。

附二：白杆兵的枪法

自南宋马定虎 1129 年到石柱后，马家一直沿袭二十四势枪法，1595 年秦良玉嫁到石柱建立白杆兵后，感到此枪法用于白杆兵山地作战，特别是攻克悬崖时会有一定局限，故而在原马家枪的枪棍基础上，设计出白杆枪，人们称此枪为白杆钩镰枪。马家枪改为白杆钩镰枪后，又在二十四势枪法的基础上，增加了金钩钓鱼势、猕猴攀崖势、排山倒海势、倒敲木鱼势，二十八势混为一体，既可山地作战，也可平原作战；既可步战，也可马战，使白杆钩镰枪在历次战斗中发挥了不可估量的作用。故而人们以枪命名这支石柱土兵为石柱白杆兵。后在平叛杨应龙、浑河血战中取得了奇迹般的功效，其大名名扬四海，威震天下。

马家枪本带棍法，其所作"二十四势"，唯"上平""中平""下平"于立身处不期而然必合一势。"献爪"是扎法，"摆尾"是躲法，"滴水"以降长御众，"骑龙""纫针"以左右转换，"转角"以救急，"摩旗"以尝试，"鸿门"中有抛梭枪手法。此十一法，皆是枪法所常用。余若"铁牛""地蛇""拖刀"或可一用，外此则皆棍势，于枪无干。

马家枪本就夹带棍法，马家枪的二十四势图中，只有上平枪、中平枪、下平枪。从站的桩架上看，很自然地可合成为一个姿势。青龙献爪是扎法，苍龙摆尾是躲法，滴水势为了降制长器、抵御多枪，骑龙势和美人纫针以左右转换步法为特点，白牛转角为了紧急情况下救护前手，秦王摩旗是为了试探敌方，闯鸿门势中有左右抛撒梭枪的手法，这十一种枪技，都是枪法的常用招式。其他的像铁牛耕地、地蛇枪、白猿拖刀偶尔可以用一下，除此之外都是棍的姿势，跟枪没有关系。

一、四夷宾服势

古诀云："乃中平枪法，作二十四势之元，为六合之主。"六合乃马家枪名，足知二十四势马家法也，是以峨眉不言。此妙变无穷也！跨剑开圈外门，此开圈里门，二势相对。此势虽正，然实畏"下平"，何况"月儿侧""塍蛇枪"，所以不得不变。古论云"尽头枪，中平枪破"，谓戳其虎口。孙子曰："我不欲战，虽画地而守之，敌不得与我战者，乘其所之也。""中平"备诸变势，乃为"乘其所之"，"死中平"一无所用。

四夷宾服势，枪尖在左边，敞开前边门户（故意露出右边身体引诱敌扎）。

古枪诀讲："属于中平枪法，是二十四势的核心，又是六合枪的主要姿势。"六合枪是马家枪的称呼，足以知晓二十四势是马家枪法，故而峨眉枪不提六合二字，此势妙变无穷。跨剑势敞开的是圈外门户（左边），此势开放的是圈里门户（右边），两个姿势中，两根枪是相对的。（都是左脚在前，右脚在后，左撇子除外。四夷势枪尖稍指向左，跨剑势枪尖稍指向右，相对而站，只有枪是对着的。）

这个姿势即使摆得再正，而实际上害怕下平枪，何况月儿侧、腾蛇枪？所以不得不进行变化。古论说"中平枪可破尽头枪"，是说戳刺持枪前手虎口。

孙武子说："我不想决战，即使随便占领一个地方进行防守，敌人也不能迫使我军决战，那是因为我们设法改变了敌人的行动方向。"中平枪可藏匿各种变化枪势，正所谓改变行动方向。死板的中平枪，没有一点用处。

中平枪，乃枪中之王，一切枪势变换及手法转化的基本，套用拳法的术语，即桩架，没什么可说的，必须勤奋练习。

二、指南针势

古诀云："乃上平枪法，其类近乎中平，而着数不离六合之变。有心演悟，二十四势可破其半。"大抵短降长，枪头宜高，诱其"单杀手"来，我倒

下枪头，变为"滴水"，后踮步而进，胜矣。

此势及"朝天""压卵""护膝"用法皆同。若彼用"梨花""螣蛇""降枪"等虚法，则困我矣！冲斗云："头高则犯拿拦，低则犯提掳。摩旗势枪稍高，诱彼拿拦，我即闪赚花枪扎入。"此说宜在"上平"，若以解"摩旗"，误也。

古枪诀讲："属于上平枪法，跟中平枪有些相近，但招数没有离开六合枪的变化。有心思演练、领悟此势的话，二十四势里的其他姿势也就熟悉了一半。"一般用短枪降制长枪，枪头应该高些，引诱长枪以单杀手扎来，我低下枪头，变作滴水势（用提、掳，即海马奔潮），后腿从后向前腿盖步，带动前腿上步，即能取胜。

此势与朝天枪、泰山压卵、护膝枪势的用法完全相同。如果敌方用梨花摆头、螣蛇枪、降枪等诡巧的扎法，那么我就犯难了。冲斗说："我方枪头高，易被敌方拿、拦，枪头低，易被提、掳。秦王摩旗势枪头稍微高些，引诱敌人拿、拦，我即可用闪赚等花枪扎进敌身。"这种说法应该针对上平枪而言，如果用来解释摩旗，就错了。

三、十面埋伏势

古诀云："乃下平枪法，门户紧于上平，机巧不下中式，精于此者诸势可降。"

冲斗云："彼立中平，我即立此势，以枪入

彼枪下，可拿即拿，可拦即拦，革开发戳，彼不能守待矣。"此语为得法。此势本以惊中平，彼若"蜻蜓点水"，我不得不变"滴水""纫针"，皆下平之势。诀云"十面埋伏"，言"虚变"多也；"门户紧于上平"，言不受"虚变"也；"机巧不下中式"，言"提、捋"之用也。"提、捋"可破下平，而下平"逆戳"又可破"提、捋"，速者胜。下平"滴水"，后手以次而高，枪头以次而下。

棍势二十四，有立下即是者，此三势是也；有用而后成者，"献爪""摆尾""骑龙""纫针"是也；有摆出以诱人者，"拖刀"之类是也。立下即是者，枪岂能离之！用而后成者，枪虽无意于势，势自随枪而成！摆以诱人，棍也，枪无是事！以此三条，断尽天下古今枪式、诸家枪法。此种势在我本无用处，而敌有用之者，故不可不知。

古枪诀讲："属于下平枪法，需防守的门户比上平枪要紧密，暗藏的诡诈不逊于中平，精通此势的人能够降制其余各种枪势。"

冲斗说："敌方摆出中平势，我立即摆出此势，将枪扎入敌方枪下，能拿就拿，能拦则拦，将敌杆革开即而发扎，敌则无法防御。"这句话说得很对（程冲斗所说，即串枪的一种，如果换作手法紧密的峨眉应用，即子午枪的扎法）。这个姿势本就为了惊扰中平枪，敌如果用蜻蜓点水（即枪头点我前手，现代有人说点水是枪尖点扎眼睛，理由是秋水即眼睛。试想双方各执3米多长的枪，点前手容易还是点眼睛容易？再想蜻蜓点水时尾巴弯而向下，一点即收，点前手更有把握和实用性），我不得不变成滴水势或美人纫针势，都是下平枪的姿势。所谓十面埋伏，是说我枪诡诈多变；门户比上平枪紧密，是讲不能为使我枪诡诈多变就忽视了对空当的防守；诡诈不逊于中平，是说提、捋在下平枪的应用不比中平枪里少。提、捋可以破下平枪，而下平枪逆敲又可以破解提、捋，谁动作快谁能胜。下平枪中用滴水势，持枪的后手要随敌枪扎入的远近以次而高，枪头以次而低。棍势二十四图，有一摆开姿势就能达到目的的，即上平枪、中平枪、下平枪三个姿势；有先用一个姿势再用一个姿势才见成效的，即青龙献爪、苍龙摆尾、骑龙和美人纫针；有故摆姿势来诱敌的，比如白猿拖刀等势。一摆开姿势就达到目的的，枪法怎能与此背离！先用一个姿势再用一个姿势才见成效的，用枪虽然不崇尚姿势，但姿势却随着枪的使用自然成形。故摆姿势来诱敌的，是棍法，用枪不应存在这样的情形（他法行，随法行，才是枪之本意）。就凭上述这三条，就可判断出天下从古至今枪的规格及各家枪法的面貌。

四、苍龙摆尾势

古诀云："乃搠退救护之法，雷转风回，惊破梨花闪赚。"

此势有二用：身不大倒后者，后踮步进敌者也；身大倒后、胸着右膝者，脱"螣蛇""梨花"等凶枪及救圈外败枪者也。无故作此势，若"单杀手"来，我搠起即胜。若后踮步进右足，钉我之前足，便立不起，败矣，速退犹可。

冲斗云："倒身向后作败势，枪来我即回身拿开彼枪戳之。"此"拖刀"之"迎封接进"移于"摆尾"，但可对"单杀手"，何以解"钉膝"？又云："回身右足推向前，便成骑马。"敌人侧亦不算钉膝者也。"换"法亦在此势中救戳脚，即"吃枪还枪"也。

古枪诀讲："属于崩枪退步、救护败枪的枪法，如霹雳般掉转枪头，如疾风般回身还扎，即使敌用梨花摆头等闪赚技法，也可使其蓦然慌乱，即刻破解。"这个姿势有两种用途：身体向后倾的角度不大，要用后踮步向敌进击；身体向后倾得很厉害，并且胸部都贴在右膝盖上了，可以躲避螣蛇、梨花摆头等凶枪，并能够解救圈外的败枪。没来由地摆这个姿势，如果敌用单杀手扎来，我将敌枪崩起就能还扎取胜。如果我用后踮步，迈进右脚的同时，敌枪突然钉住我左脚，我无法站立，也就败了，这时我能做的也只有向后迅速退出。

冲斗说："身体向后倾，故意做出败的姿势，敌枪扎来我立刻回身拿开敌枪再刺扎。"这是将白猿拖刀中的迎封接进移植到摆尾里，只能对付单杀手，又怎能破解敌对我的钉膝？冲斗又说："回身后，右脚向敌推进，便成骑马势（即骑龙）。"我成骑马势后，敌人恰在我侧面，其对我膝的戳扎也不能算作钉膝了。枪法中的换，也可在这个枪势中使用，用于解救戳脚，即所谓吃枪还枪。

五、青龙献爪势

古诀云："乃孤雁出群枪法，势势之中，着着之内，发枪扎人，不离是法。"

练时须后手出至前手之前，前手只伺于后手下。尤或救不及，

前手洒向后过也！筋骨
方直，至于实事，只用
八分，欲其深，足稍进
可矣！此敬岩、真如秘
奥。冲斗以"活拥对"
等为此势救手，总是手
太猛、足不进耳！戚南
塘谓此为"孤注弃枪"，
真是门外汉语。短器皆有破"单杀手"之法，不可不知！冲斗云：
"前手放时后手尽，一寸能长一寸强。"在练则可，在破未然。

古枪诀讲："属于孤雁出群枪法，每个枪势中，每招之内，出
枪扎人，都没有脱离这个技法。"

练习时须后手伸到前手前，前手只能待在后手下，其原因是怕
前手向后甩的幅度太大，一枪扎败，从而来不及使前手接杆以救后
手。整个身体要正要直，实战时只用八分力，想要扎得深入，前脚
进一小步、后脚跟进即可（类现代拳击之滑步，进退迅速）。这是
敬岩、真如的秘法。冲斗用活拥对退枪为这个枪势的败枪解救后
手，这是由于扎时后手出得太猛，而脚不进步。戚继光说这招是孤
注一掷的弃枪，真是门外汉的说法。短械都有破解单杀手的方法，
不能不知晓。冲斗说："前手向后甩的同时，握持枪根的后手要完
全抻直胳膊，一寸长，一寸强。"这种说法在练习时是可以的，在
破解敌枪时是不一定成立的。

六、滴水势

古诀云："乃是提颠之法，顺手凤点头。披扑（披，击、拿也；扑，打也）中取巧，进势用骑龙，出可掤退勇。若还破低枪，难同伏地枪，百发百中。"

"颠提"者，手一"提"即"颠"起，而左右换势也。"凤点头"即枪尖左右抛洒者是也。"骑龙"此势变而之右也，"颠提"中事。"伏地枪"大意同"卷"。

凡低来枪有二势，皆戳虎口：一者平来，一者蹲身，而枪尖高，皆以"伏地势"革之。

彼持势严固，我欲动之，须左右换势而疑彼枪尖，故必浅戳之，俟彼拿拦，我即以"滴水"手法换左换右也。

此势后手阳仰过头。后踮步于圈里进，枪头"提"至彼前手，即胜；或于彼枪半带"击"带"掳"；插下至地，剪步跳入。——皆破"地蛇"之法。

此势拗步即少林棍之"飞天夜叉"。

此与"纫针"持久，即为"虎口枪"所破。"下平"花枪，此可破之，防其"逆散"。"逆散"彼此皆有，疾者胜。"滴水"可革"子午""腾蛇"，疏破紧也。"滴水"合"跨剑"，即"海马奔潮"。"朝天""压卵"变"滴水"，"滴水"变"伏地"，

"伏地"变"地蛇","地蛇"变"白牛","白牛"变"中平""跨剑",皆自然之理。

古枪诀讲:"属于颠提枪法,滴水过后,顺手就用凤点头反击。击打中讨巧,进步用骑龙势,退出要敢于使用崩退枪。如果还击敌方的低枪,即使像最不容易拦截的伏地枪,也能百发百中将其击破。"颠提的意思,即手一提敌枪,即让我枪借与敌杆接触的反作用力跳起发扎,从而左右换势(靠后跐步和骑龙步左右转换)。凤点头,即枪尖或左或右抛洒(以封闭手法使枪尖左右旋转向敌腿脚扎进)。骑龙势,即此枪势的后腿向右上跨进(左撇子相反),所谓颠提中的右换势。

伏地枪大致意思跟卷枪差不多(卷,即蹲坐而拿)。凡是低处扎来的枪有两种姿势,都得戳其虎口。一个是枪杆平行地面扎来(即两手垂下,左臂紧贴肋部,左撇子相反,蹲着身子,即地蛇枪),另一个是蹲着身子扎来,但枪头稍高(所谓昂头枪,即螣蛇枪),都得用伏地势(即大蹲坐而拿)革开其枪。敌方防御严谨牢固,我想移动(此时无法正面进枪),必须左右变换姿势才能得手。这就要让敌之枪尖不明白我的意图,故而我革枪后随即浅扎,等敌正在拿拦我枪之际(我浅扎,敌无法拿拦至我前手),我就可以用滴水的手法提掳敌杆(此时手法很重要),或换左或换右势而戳其虎口了。这个姿势中,持握枪根的后手要阳仰过头。用后跐步从圈里进,我的枪头提至敌之前手,即能完胜;或者在敌枪杆中间先打后掳;或者将枪斜插至地,然后剪步跳进(即由后跐步转换为侧步跳进)发扎(即尽头枪),都是破解地蛇枪的方法。此势用拗步(即骑龙步)进敌劈打,即少林棍法的飞天夜叉势。这个枪势如果跟美人纫针势相持太久，就会被纫针势的虎口枪所破解（纫针势以扎虎口见长）。

下平枪势中如有闪赚类花枪，用此枪势能够破解，但要提防对手逆骰（顺着杆子向上滑扎）。此时逆骰，敌我都可用，谁快谁能胜。滴水可以革子午枪（缠扎的一种）、腾蛇枪，所谓粗破细。滴水跟跨剑组合，即是海马奔潮（即先提后拿）。朝天势、泰山压卵可以变成滴水势，滴水可以变成伏地枪，伏地枪可以变成地蛇枪，地蛇枪可以变成白牛转角，白牛转角可以变成中平枪、跨剑势，都是自然形成的枪法。

滴水势，其解释占据了二十四势图说中最多的篇幅，十分详尽。蛇枪一类扎法跟石家枪的枪法有关，石家枪重视蹲步而扎，即所谓鸭踏步，因为防护面积相对小，所以扎法也就刁钻，而滴水恰恰可以破解地蛇，属于下平枪，且滴水可以瞬间转换成不同的枪势，能够以短敌长、以一敌众，故滴水应该着重训练。

七、骑龙势

古诀云："乃拗步枪法。"

"回马"尚是虚势，一变"骑龙"便成杀势。"骑龙"戳手最长。

此势于长枪用最多，短枪以为"颠提"之用。

"铁牛""地蛇"怕"骑龙"，"骑龙"与"铁

幡竿"同用"扑鹌鹑"者，以其皆是拗变也！

"螣蛇枪""月儿侧"皆可用"骑龙"破之、脱之，大破小也。

此势又可破"白牛"。

叉、铲进深，"骑龙"可破。

古枪诀讲："属于拗步枪法。"

回马枪姑且说是个虚退诈败的动作，一变作骑龙就成了真扎实刺，骑龙以戳手见长。

这个姿势在长枪的应用中最普遍，短枪专用作颠提。

铁牛耕地、地蛇枪怕骑龙，骑龙跟铁幡竿势共用于扑鹌鹑势中，因其都是用拗步换势。

螣蛇枪、月儿侧枪，都可以用骑龙枪破解、躲避，所谓阔大枪势破小巧手法。

这个姿势还能破解白牛转角。

敌用叉、铲击刺进来，用骑龙枪可以破解。

八、美人纫针势

古诀云："乃尽头枪法，枪尖至地，好破地蛇，防他颠提（死中反活也）。起手凤点头（即颠提也），披闪（轻击进左）认直戳。"

"纫针"进步，应用

"骑龙"乃为得势。冲斗用后踮步，混于"滴水"，拗矣！

"滴水"用于圈外破"地蛇"，"纫针"于圈里破"地蛇"。

"尽头枪"者，言枪尖插地一跃而入。

美人纫针势，后手掌心朝上，阳卷枪根，贴在右肋下，前手手背朝下，阴持枪腰，和滴水势左右相对。

古枪诀讲："属于尽头枪法，枪尖插至地面，擅长破解地蛇枪，但防其颠提。顺手凤点头，或者击打，闪步进入（轻打，进扎敌左），径直戳敌。"纫针势进步，应该用骑龙势才会协调，冲斗用后踮步进身，跟滴水势混淆，拗啦！滴水用在圈外破地蛇枪，纫针用于圈里破地蛇枪。所谓尽头枪，即枪尖斜插至地，一跳进入敌身发扎。

纫针，就是针对破解地蛇枪而言。敌枪扎来，我用骑龙步闪过，同时我枪一戳至地，其实是斜挡住了敌杆，类似长倭刀的斜插刀势，因为只是枪头插地挡住了敌杆，手法上无紧密可言，所以要防止敌方地蛇变换颠提。为此，有必要再打敌杆，定住敌枪，然后我用颠提，以凤点头手法，戳敌虎口或身体。纫针的意思，想象敌枪是根针，我的枪是根线，用我的线穿上敌的针鼻儿，哪里是针鼻儿？即敌之虎口。纫针与滴水是相对的，一个圈里破地蛇，一个圈外破地蛇；一个用骑龙步，一个用后踮步；都有颠提，一个在敌左侧用插枪、劈打、凤点头，一个在敌右侧用提拨、劈打、逆敝，即海马奔潮。尽头枪的意思，从字面上理解，枪一插至地，没了枪尖，即尽头。

九、抱琵琶势

古诀云："乃白牛转角枪法。"

此非在场可立之势，但向急枪时有所用之。

此势畏"骑龙""伏虎"。

此势手法放尽即是"撩"，故冲斗不论圈里、外也。

此势蹲坐即"埋伏势"，放下手即"地蛇枪"。

古枪诀讲："属于白牛转角枪法。"此势并非在战场或游场可随意摆的姿势，只有对付紧急的迅猛枪时才能应用。此枪势怕骑龙枪、伏虎枪（意指骑龙、伏虎右上步，可钉我腿）。此枪势手法大幅甩出，则是撩枪，故而冲斗关于此势不管是圈里还是圈外都有应用（意指勾法属于拦法，只应急时用于圈外来枪，而冲斗圈外用勾，圈里用撩）。此枪势蹲身而坐，即十面埋伏势，完全放下手则是地蛇枪。

白牛转角属于紧急应用的枪法，当敌以猛枪快枪扎近我头胸部位时，常用的拦或剔来不及应对如此迅猛的枪，故而左臂紧贴胁部（以防敌枪削我前手，左撇子除外，这也是抱琵琶一名的由来），前手向后翻卷至手背朝天，后手阳仰，滚转枪杆，使枪尖旋转的影迹呈几望月形，用弧外侧先革敌杆，再以弧的空缺部分加深革的力度，从而拦截敌枪。这个方法也叫勾，当刀剑等短器顺我杆一革竟

入时，也可用此法救急。

十、太公钓鱼势

古诀云："乃摩旗枪
法（摩旗为拿、拦而不转
腕），诸势可敌，轻挨缓
捉（唯不转腕，故可轻
缓），顺敌提拿（真如谓
之和枪），进退如风，刚
柔得体。"

"拿""拦"不转腕，
谓之"死手"，以从此入头者日后必无"月儿侧""螣蛇"等妙
处也。

然转腕者，一发不收；必不转腕者，乃可轻可缓，不受敌侮。
敬岩、真如绝技在此！

世人但贵转腕"拿""拦"，则深入壶奥，而不知不转腕者，
有更深胜者焉。

太公钓鱼势，奥妙在手法上，身体的姿势起不到作用。古枪诀
讲："属于摩旗枪法（摩旗即不用转手腕的拿拦），可以对付各种
枪势，挨贴敌杆力度小，拿贴敌杆速度慢（因为不转手腕，所以才
力度小、速度慢），随敌枪的运转或提或拿（真如称之为和枪），
进步退出，行动似风，有刚有柔，恰到好处。"拿、拦不转手腕，
称之为死手，如果一开始练枪就不转腕子，时间久了，必然使不出
月儿侧、螣蛇枪等妙法。然而转腕子，一发扎就不可收（枪是滚转

191

着扎出的，不到尽头确实不易收回）；只有不转腕子的，才可以力
度小而缓慢，不受敌枪欺侮。敬岩和真如的绝技恰在此处。世俗之
人只认为转腕拿拦水平高，于是乎深入研究，岂不知道不转腕子，
有更深的道行以致取胜。

摩旗是虚枪，作为试探敌人的枪法，表面上看太轻浮，一旦敌
方忍不住先动，我则可以立即转阴阳迅猛扎出，可谓暗藏杀机。摩
旗尽管不转腕，但枪圈同样不是很大，如果枪圈大如锅盖，即称作
团牌变，为了挡箭护体。摩旗是用枪尖画圈的，所谓不转腕，与其
说是两手不转阴阳地摆动拦拿，不如说不需要两手拧动枪杆滚转画
圆，所以力度才小，拿拦才慢。现代很多枪法所谓的转圆，正是如
摩旗般用枪尖来画圈，枪杆是不转的，所用的拦和拿，相当于半摩
旗，恰如吴老所言"以从此入头者，日后必无月儿侧、螣蛇等妙处
也"。

十一、铁牛耕地势

古诀云："乃急捣碓（捣，打也；碓，揭也）枪法。硬去硬回
莫软，惟有此枪无空，他能平伏闪吾枪，就使黑龙入洞。"

此势手法有二：硬枪
捣碓而入，软枪捺弯而入。

倪觐楼以"仙人指路"
破此势，轻破重也。

"捣碓"之轻者名"鸡
啄粟"，戚公曰："两人
对'鸡啄'，我忽变大凶

枪劈剪他前手二尺甚妙。"此忽变故妙，深得用重大之神！不忽变即冲斗"大封大劈"矣。

冲斗曰："扑鹌鹑——来硬打硬，莫若变势另思量。"谓"滴水"也。

古枪诀讲："属于急捣碓（捣，是打；碓，是揭）枪法，硬扎硬收不松软，只有这种枪势没有空闲。敌若能平定或躲避我枪，我随即用枪戳其心窝。"此枪势有两种手法，如果用硬枪（即硬杆枪），就先打敌杆，借与敌杆的反作用力揭起我枪进扎；如果用软枪（即软杆枪），就先将我枪打在地上，捺弯后借地势崩起发扎。倪觐楼用仙人指路势破解此枪势，是用轻破重。打揭力度小，即鸡啄粟，戚公讲："两人对角鸡啄粟，我忽然变作大凶枪劈剪敌前手外二尺处最妙。"这种忽然间的变化确实巧妙，深得重大之神用。如果不忽然变化，即成冲斗的大封大劈。冲斗说："扑鹌鹑枪势，敌硬枪（这个硬，指的是用力僵猛）扎来，我就硬枪（同前意）击打，不如变换枪势另考虑捷径。"是说变作滴水势破解。

十二、闯鸿门势

古诀云："乃抛梭枪法。"诀语甚多，只此尽之，不过身进而枪退耳！

游场追敌，必用"抛梭"法乃不伤人。诀虽极口赞此势，然非有奥秘也。

深进须用抛梭手法，

不然枪尖过老，彼入我枪胸，败矣！

身随枪进，闪坐剁拦，捉攻硬上。用长贵短，用短贵长。短而长用者，谓其可御彼长。长入短不中，则反为长所误。故用长以短，节节险嫩，就近身尺余，法更不老。彼见我长，安心欲使我进深无用，我忽节节短来，彼乃知屈心违，仓促使致对我不及。

古枪诀讲："属于抛梭枪手法。"枪诀特别多，总而言之，不过是身体向前而枪后退。

游场里追击敌人，务必用抛梭枪手法，才能够不伤及人命。枪诀虽然特别颂扬此枪势，却没有什么秘密奥妙可言。深入进敌要用抛梭枪手法，否则枪尖太老，敌枪扎入我枪胸，我就败了。

十三、铺地锦势

古诀云："乃地蛇枪法（下平手法，加以蹲坐），起手（先发也）披挨（轻拿也）急刺（戳也），高来（言应兵也，极平戳来在此势已高）直擦（轻拿兼戳）难饶，若他滴水纫针（滴水在圈外，纫针在圈里）穿，苏法死中反活（或急打，或逆敲）。"

论云："伏虎枪地蛇枪破。"夫"伏虎枪"是"左海马"，必以"地蛇"脱之，足知"地蛇"亦可破"海马"。"地蛇"脱法：身大倒后，枪括地一圈即立起。

"滴水""纫针"皆可破"地蛇"，而有"死中反活"之法。"滴水"来，即"逆筊"起；"纫针"来，即"颠提打"。

"白牛"放下手蹲坐即此势。

冲斗此势用偷步进，即鸭踏步也。

此势革枪只用"摩旗"手法，故曰"披挨直擦"。

古枪诀讲："属于地蛇枪法（即蹲坐的下平枪手法），能够先于对手发枪，有劈打、轻拿、猛扎等法。敌用下半高枪（意指敌枪已近我身，下平所发的特平直的枪相对此势也算高枪）扎进我圈内，我枪如果贴着敌杆轻拿戳刺，敌则很难活命。如果敌用滴水、纫针（滴水用于圈外，纫针用于圈里）提削我前手，正所谓死中反活的救法（敌纫针、滴水后，分别用颠提猛击我杆、用逆筊削我前手）。"古论讲道："地蛇枪可以破伏虎枪。"伏虎枪是左海马奔潮，必须用地蛇枪才能够解脱，足以晓得地蛇枪也能破解海马奔潮。地蛇解脱的办法：身体向后大倾，将枪画地一圈即能站起身。滴水势和纫针势都可以破解地蛇，所以才有死中反活的枪法。滴水用后，随即变作逆筊；纫针用后，随即变作颠提劈打。白牛转角垂下两手加上蹲坐即可变成此枪势（白牛属于上平枪，地蛇比下平枪还要低，足见枪势的变化迅疾）。冲斗用此枪势，以偷步（后脚从前面迈向前脚上步，类似今日盖步）前进，即鸭踏步（大蹲着身子的盖步）。此枪势革敌枪，只能用摩旗手法（不转腕的拿拦），故而称作轻拿轻打而戳（在如此低的姿势，胳膊基本不弯曲的情形下，无法用封闭的手法）。

十四、白猿拖刀势

古诀云："乃佯输诈
回枪法，逆转硬上骑龙（进
左足于右也），顺步（仍还
左足于前也，此步有一法，
彼圈外来则用缠拦拥靠，圈
里来则用迎封接进，蹲坐极
低，大拿以开其枪，有类于
手卷）缠拦拥靠，迎封接进
弄花枪，就是中平也破。"

戚公云："回伏之枪，俱是诱我发戳，彼即拥起还枪。"此势
不能发戳，若钉在左膝弯，即四门枪。倪之沙家法，用"白猿拖刀
势"，左足不落实，谓之四门枪。落于前则为正势；落于后则为退
势；落于左，右足用后踮步，成顺单鞭；落于右，退右足成"骑龙
势"。——杆子之总要，故曰"沙家用在足"，短枪不用此步。沙
家以四门枪退法为枢要，妙处在此，病亦在此。妙在于活，病在于
松。盖退乃长制短之事，长对长而用退，则松矣。

古枪诀讲："属于佯败诈回枪法，往相反方向转身，左脚向右
侧拗跨步，进右脚成骑龙步，然后再顺步（还将左脚还原到前面，
这种步法有一种方法：敌枪圈外扎来，我用缠拦、崩靠，圈里扎来
则用迎封接进，蹲坐特别低，如果用拿法开敌枪，类似于卷）缠
拦、崩靠，或者迎封接进，摆弄闪赚花枪，即便敌是中平枪，也能
破解。"戚公说："诈回暗藏杀机的枪，都是引诱我发扎，敌即可

崩起我枪还击。"这个姿势转身拗跨步时没法发扎，如果我顺步后敌枪钉住我左膝弯（我左脚要虚点地，以便应急时移动躲闪），我此时的姿势即成为四门枪。倪觐楼的沙家杆子枪法，用白猿拖刀势，左脚不落实，称作四门枪。左脚回到前面，是正规姿势；回到后面，即是后退的姿势；回到左面，右脚用后踏步进，即成作顺单鞭；回到右边，退右脚成作骑龙势。这是杆子的大略精要，故而称沙家枪法用在于脚，短枪不用这类步法。沙家以四门枪退法为核心，妙处在这，弊病也在这里。妙在于脚步灵活，病在于整体松散。后退是长枪降制短枪的情形，但长枪对长枪也要用到后退，那就松散了。

十五、推山塞海势

古诀云："乃护膝（后手出在前膝间，又蹲坐也）枪法，高来摇旗挨捉（谓以摩旗手法轻拿轻拦也），低来铁帚（即铁扫帚）颠提（即提掳），中来如箭有虚（此语最妙！对破不堪）能，可以（用单杀手也）真，可用铁牛耕地。"

《纪效新书》解此云："彼长我短，蹲坐，枪头起高，慢慢逼近，彼扎来，一提粘住，用苍龙摆尾步赶进，万无一失！"余谓此言只可用于"单杀手"耳！若彼用"降枪势"，大难大难！

古枪诀讲："属于护膝（后手在前膝附近持握枪根，又蹲坐）

枪法，故高枪扎来就用摩旗手法轻拿轻拦，敌低枪扎来就用铁扫帚提捋，敌中平枪扎来迅速，半假半真（这句话说得最精妙，与敌中平对扎不能仅靠单杀手这招实扎），我变作铁牛耕地先打敌枪再发扎。"《纪效新书》解义此势道："敌枪长，我枪短，我蹲坐，枪头抬高，慢慢逼近敌身，敌扎来，我用高提粘住敌枪，再用苍龙摆尾的后踮步上步进戳，万无一失。"这句话只能针对革敌方单杀手而言，如用敌用降枪势，我则很难取胜。

十六、鹞子扑鹌鹑势

古诀云："乃拨草寻蛇枪法，高接虽用缠拿（虽用，言不恃）依赖（之也），逢中披（轻拿也）擦（进戳也）直过。倘他拥退把枪还，滚手中平一剁。"

此实有二势焉：用"铁幡杆"脚步打彼毛际者，"扑鹌鹑"也；不进右足"八字打"者，"拨草寻蛇"也。

《纪效新书》云"破伏棍须剪他手前二尺"，冲斗"铁牛"云"扑鹌鹑——来硬打硬"，此言"扑鹌鹑"也；《少林棍》云"左右拿看八字行"，此言"拨草"也。

短降长，长若用"降枪势""腾蛇枪"等，必不可破！用"扑鹌鹑"或可图侥幸耳。

古枪诀讲："属于拨草寻蛇枪法，与敌高枪接触虽然使用缠拿（虽然使用的意思是说不单靠缠拿），碰到中平枪则轻拿进戳直扎敌身，倘若敌用崩退撤枪还扎，我则于中平势两手互转阴阳向下劈剁。"这个枪势其实用两种用法，用铁幡杆拗步劈打敌之下阴，即鹞子扑鹌鹑，不进右脚八字打（以摩旗手法左右劈打，劈打的轨迹可连作八字形），即拨草寻蛇。《纪效新书》说"破解敌下平棍要打在他前手前二尺处"，冲斗铁牛耕地说"扑鹌鹑势，敌硬枪扎来我就硬枪劈打"，这都是说扑鹌鹑。《少林棍》说"左右拿敌枪，看住敌枪，作八字形影迹"，这是说拨草寻蛇。短枪降制长枪，长枪如果用降枪势、螣蛇枪等法，肯定破解不了，用扑鹌鹑偶尔可图侥幸。

鹞子扑鹌鹑，这个名字起得很有意思，鹞子是旋转飞行的，人和枪在此势也是通过用骑龙步绕至敌侧，所以称作鹞子，而鹌鹑即鸟，所谓人的下阴，比喻太神奇了。其实就是用骑龙上步劈打敌之下阴，这招够狠。不用拗步，也就是不必绕至敌侧，用连枝、后踮等步以旗手法左右劈打，即拨草寻蛇。

十七、铁幡杆势

古诀云："乃外把门（枪头在右也）黄龙贴（颤动，摇动）杆枪法（杆靠腰推枪、开枪，不用拿拦），一接（以腰力革枪）二进（扎也，四字言应兵）

蛇弄风（三字言先发也，白蛇弄风即飐杆手法），扑着鹌鹑不放松
（进右足深打其小腹，此句又有注，在扑鹌鹑势中）。"用"拨
草"手法兼此步法，方是"扑鹌鹑"，出枪既长，又进右足，故可
以降长。此势而枪尖在左，即少林棍之"右八字打"，左枪之行着
名"左拗步打"。

古枪诀讲："属于外把门（枪头在右）黄龙飐杆枪法（枪杆靠
腰推枪、开枪，不用拿拦），一接（用腰力革枪）、二进（扎）、
蛇弄风（三字意指先发至人，白蛇弄风即飐杆手法），扑着鹌鹑不
放松（进右脚深打敌之小腹，此句的注解，在扑鹌鹑势里）。"用
拨草寻蛇手法兼用此步法，才是扑鹌鹑，出枪能够长，又进右脚，
故而可以降制长器。此枪势枪尖在左边（从左往右打），即少林棍
之右八字打，也是左枪的行着，亦名左拗步打。

十八、灵猫捕鼠势

古诀云："乃无中
生有枪法（谓彼立势
严固，无间可入也），
进步（左足大步，右足
随步）虚下扑缠（扑谓
后手出枪甚长而假扑者
也。缠谓彼硬迎，我即
缠拦；彼软避我，即缠

拿也）。赚伊枪动使梨花（此不专指梨花三摆头，为腾蛇枪、月儿
侧等皆是），遇压（谓横压）挑天冲打（挑起破之）。"诀中有手

法五、步法一，"进步扑缠"本势已完，后乃防变之词。"压"即"溜压沉枪""压搅沉枪"等。遇"压"，"挑"不如"打"。

古枪诀讲："属于无中生有枪法（是说敌立势严谨稳固，没有破绽可扎），上步（左脚大步迈进，右脚跟着上步）假装向下劈打，敌如果硬着迎枪，我就缠拦敌枪，敌如果闪避我之劈打，我即用缠拿，然后诱使敌枪发扎，我则用月儿侧、螣蛇等闪赚梨花枪法革戳。如果敌枪横压我枪，我则向上挑起敌枪后再向下劈打。"枪诀中有五种手法（即扑、缠、拦、拿、挑）、一种步法（左足大步，右足随步）。截至上步劈打、缠拦、缠拿，本枪势动作已完成，后面说的都是防范敌枪变化的语句。

横压，即溜压沉枪、压搅沉枪等势，遇到横压，与其向上挑起不如直接劈打。

十九、伏虎势

古诀云："乃六封枪法（曰封，谓枪头在右），斜倒硬上如风（谓我进右足），退闪（退闪以敌言）提拦（二者法相近，故并举之）缠捉（即缠拦），他如压卵又朝天，铁扫（打也）迎封接靠（亦是打也）。""铁牛"打来，我进后足于圈外，钉其股使不能起，是为"伏虎"之正用。"伏虎"手法与"海马"同，但用之于右

201

边耳。"六封"者，左右之上、中、下皆无空也。"骑龙"于此大意相同，但"骑龙"脚步大，两手托满，不虚灵，马家难用，不如此势。叉、铲可用"伏虎"打之。

古枪诀讲："属于六封枪法（所谓封，即枪头在右），将枪头斜指地面疾速上右脚，敌向后退闪发枪我则用提拦或缠拦，敌若用泰山压卵或者朝天势，我则直接击打敌之下部。"

铁牛耕地打来，我从圈外上后脚，枪头直钉敌大腿令敌不能站立，才是伏虎式的正规用法。伏虎的手法与海马奔潮是一样的，只是应用于右边。六封的意思，即左右两面上、中、下三个位置都能封住敌枪。骑龙势跟此势差不多，但骑龙势步法阔大，两手持枪较僵，不灵活，马家短枪难用骑龙，不如用这个势子灵便。对付叉、铲，可以用伏虎击打。

二十、边拦势

古诀云："乃里把门（枪头在左也）封闭枪法，守门户（此言应兵）有缠提（即缠捌）、颠拿（即反击）、闪赚（此言先发）、上穿指股袖（穿指、穿袖见后戳法，股即袖，皆颠提中事），倘他出马一枪迎，抱着琵琶埋伏（抱琵琶蹲坐）即埋伏势。"

此势前手阳，此势乃革戳脚者，若以革"中平"，一遇"闪

"赚"死无日矣！

冲斗云"彼枪来，我一拦至地，颠起还枪"，与江湖游食者何异？

"边""裙"二拦，马家枪中之杂棍者也，于枪用之甚不合，可去！

古枪诀讲：属于里把门（枪头在左）封闭枪法，防守门户用缠、崩、反打、闪赚、向上穿指、穿袖，如果敌疾速迎枪，我则用抱琵琶势蹲坐，即十面埋伏势。此枪势前手掌朝天，用以革敌枪戳脚，如果用来革中平枪，一遇到闪赚就难以活命。冲斗说"敌枪扎来，我一拦到地，借地势崩起还扎"，这与江湖卖艺耍枪的有何区别？边拦、裙拦，是马家枪杂棍的枪势，用在枪法里十分不适合，可以丢掉。

二十一、跨剑势

古诀云："乃裙拦枪法，大开门户（枪尖在右，开后门）诱他来，遂（随）我中途拿剁（剁即削也），他虚（枪头高也）我实（枪头低也）摇花枪（弄风等法），他实我虚拥退（拥退见行着）救。"

"跨剑"与"中平"左右相对，枪根缠腰。古人立此二势，自有妙用。

冲斗以"跨剑"混于"边拿",即误,又曰"到地发戳",其误更甚!

"卷"即"跨剑"之尽极者耳!

此势进必"鸭踏步",此势前手阴。

古枪诀讲:"属于裙拦枪法,大开左边门户(枪尖在右,开左边门户),敌枪扎来,任我中路拿削,敌枪尖高扎,我则枪头低摇花枪,敌枪头低扎,我则闪赚枪头用崩退救护我手。"跨剑势与中平势左右枪头相对,枪根贴腰,古人立下这两个枪势,自然有巧妙之用。冲斗将跨剑势混在边拿之中,是错的,又说"拿下敌枪至地再发戳",其谬更甚。卷枪,即跨剑势的极致表现。

此枪势进步必须用鸭踏步,前手手背朝上。

二十二、朝天势

古诀云:"乃上惊下取枪法(一语尽之矣),摇旗扫地铁牛耕(此言取下),哪怕他拖刀诡计(拖刀变势多,故以高势变滴水总压之)。"

古枪诀讲:"属于上面晃敌下面实用的枪法(一语道尽伏机),可以由秦王摩旗转变为铁扫帚或铁牛耕地(这句话是针对下方而言),哪怕敌用拖刀势(拖刀姿变化多,故而要从高枪势变作滴水以压制敌枪)。"

二十三、泰山压卵势

古诀云："乃鹰捉兔之法，势虽高发，身中变异（开前足），任他埋伏地蛇冲，我又摩旗扫地。"

"朝天""压卵"，今日峨眉绝不言之，盖棍法耳！古诀有此者欲大全耳，不必实用。

古枪诀讲："属于鹰捉兔子的枪法，枪虽然从高姿势而发，但前腿提起，就算敌用埋伏势或地蛇枪来刺，我又以摩旗变作铁扫帚。"朝天势、泰山压卵势，现在峨眉绝不会提这种枪势，因为是棍法。古枪诀所以包括这两势，就是为了全面凑数，没必要实际采用。

二十四、夜叉探海势

古诀云："乃持枪行立看守之法，遇敌变势，随机应用，无不中节。"

沧尘子曰："此二十四势中，多有无关系者，以中平、上平诀有'六合'二字，决其为马家法。故与少林切近，与峨眉不合。古传旧式，以是聊借用之。"

　　此势彼打来，可点其前手；若扎来，即不能御。去之可也！相近则上、中、下三平，犹虑其疏；相远则无所不可。此等势留之无用！

　　古枪诀讲："属于握枪行走、站立看守的枪法，遇到敌枪扎来则变换姿势，随机而用，没有不见成效的。"吴殳说："这二十四种枪势里，很多都是跟枪没有关系的，由于中平、上平的枪诀里有六合两字，故而推断这是马家枪法。因此与少林枪有点相近，跟峨眉枪无法混同。因是历来流传的传统枪势，暂借用其为枪法作一解说。"此枪势中，如果敌打来，可以点敌前手，如果敌扎来，则无法防御。这种枪势舍弃即可。与此枪势相近的，是上、中、下三平，但此势相对这三平太免粗疏。与此枪势关系远点的，其他枪势都能取代之，所以这种枪势保留它没有用处。

二十五、金钩钓鱼势

　　此枪法是秦良玉在灵活运用马家枪的基础上，根据白杆钩镰枪的功能，新创的一势。此势以钩、刺为主，马兵、步兵都能通用此法，特别是针对骑高头大马的骑兵很奏效，马兵、步兵手持白杆钩镰枪，用矛后之钩顺势勾住敌兵的身子或勾住马脚，至敌倒于马下，顺势猛刺，至其身亡。此势让清兵闻风丧胆。方法非常简单，一钩

一拉一刺，三个连贯动作一次完成。

二十六、猕猴攀崖势

此枪法也是秦良玉在马家枪枪法基础上新创的一种枪法，在石柱白杆兵中广为运用，特别是攻城夺隘有奇效。此枪法充分运用白杆钩镰枪的钩、环原理，在攻城夺隘时，用钩连环、环连钩、钩环相连，形成枪梯，不管是攻城墙、攀悬崖、夺险隘皆有奇效。此法在攻桑木关、海龙囤等实战中都得到检验。

二十七、排山倒海势

此枪法是秦良玉改良马家枪后新创的一种枪法，在白杆兵中运用广泛。此枪法特别适合在平坦宽广的地域施展。此法也是运用白杆钩镰枪的功能，在"一字长蛇阵"中，钩环相连，形成整体，筑起一道人墙，以排山倒海之势

步步推进，势不可挡；亦可像城墙一样防御，坚不可摧。此法在镇守山海关、勇夺遵化四城等战中广为运用，效果明显。

二十八、倒敲木鱼势

此枪法仍然是秦良玉在马家枪枪法基础上的一种创新，是石柱白杆兵的一种特别技能。此枪法是运用白杆钩镰枪末端环的功能，敲击敌兵头部的一种技法，往往防不胜防。在与敌兵作战时，大家只是注意防范前面的矛，在敌兵注意矛时，顺势将枪一拉，反向敲击敌兵头部，让敌兵在不知不觉中被环所击中而倒地身亡。

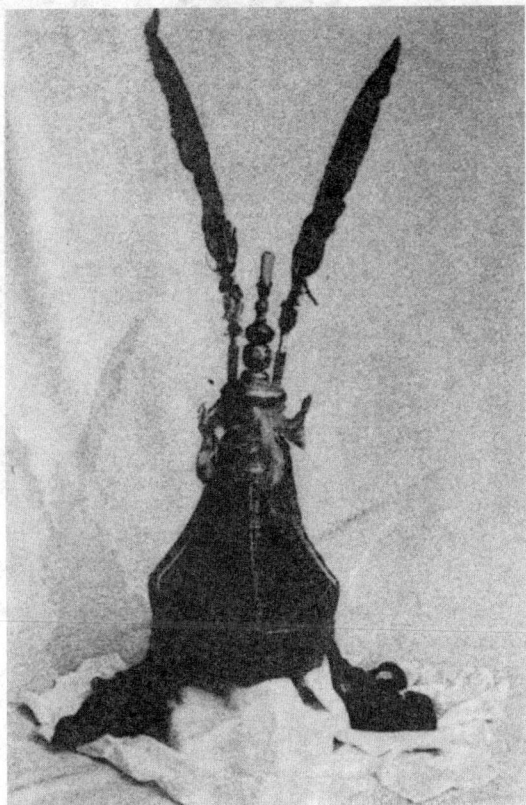

现存三峡博物馆秦良玉头盔

现存三峡博物馆崇祯赐秦良玉蟒袍服

现存三峡博物馆崇祯赐秦良玉甲胄

后 记

穿越漫长的时空隧道，拨开朦胧的历史烟云，筛选出 300 多年前石柱白杆兵英勇善战的感人故事，以期真实地记录历史，弘扬正气，激励今人，这是我编写《巾帼英雄秦良玉》这本书的初衷和目的。

自从我构思《巾帼英雄秦良玉》一书后，喜忧交加，夜不能眠。喜的是，能编写这样一本图书，让广大读者了解明末清初石柱白杆兵的峥嵘岁月，让世人了解石柱、宣传石柱，弘扬白杆兵的精气神，激励石柱意义非常重大；忧的是，在历史的长河中，怎样摒弃时光的尘埃，抛去世人的偏见，摘取精华的故事，达到古为今用之目的，是我编写中最大的忧虑。

带着这些思考，我朝思暮想，如何写好闻名中外的石柱白杆兵，如何写好白杆兵英勇善战的故事，如何写好白杆兵的将领，如何写好白杆兵的阵法枪法，如何写好白杆兵的精气神，一系列难题摆在我的面前。此时此刻，自己深感学识浅薄、资料短缺，难度大，压力大。由于以前没有记录白杆兵的专门资料做参考，只好在浩瀚书海里去查找，去领悟。好在之前写《巾帼英雄秦良玉》时有一些资料，同时阅读和借鉴了秦文洲同志编写的《秦良玉军事思想》，忠州党史研究与地方志编纂办公室编纂的《忠州女将秦良玉》，长江师范学院李良品编著的《土司时期西南地区土兵制度与军事战争研究》，长江师范学院彭福荣编著的《石柱土司文化研究》，石柱县志办编写的《秦良玉史料全集》，石柱县党史办编写的《秦良玉史料集成》，忠县政协袁代奎先生编著的《忠州女子天下奇》以及《马氏家谱》《陈氏家谱》《冉氏家谱》《石柱政协文史资料》和网络资料等内容，同时，吴新民同志给我提供了封面图片，马建国同志给本书绘制了白杆兵枪法图，他们给我提供了资料支撑和写作的力量源泉，让我在迷茫中找到了前行的方向，在万般无奈的情况下得以顺利成书。在此，向上述为我提供资料和帮助的作者以及在百忙中为该书作序的李传锋先生一并表示衷心的感谢！对支持鼓励我的爱人马鸣、女儿彭淼也表示万分的感谢。

本书共分 7 章，通过编写白杆兵的创建条件、训练方法、后勤保障等介绍这支白杆兵队伍的产生、发展、壮大；通过几次大的战争场面再现白杆兵勇赴国难的英勇顽强；通过白杆兵将领的生平事迹诠释他们效忠朝廷、杀身成仁的英雄壮举；通过历代文人墨客对白杆兵的诗词歌赋，彰显世人对白杆兵的赞颂和敬仰。

由于编者水平有限，外加时空久远，且资料匮乏，存在的不妥、不详、不周甚至缺点错误在所难免，敬请各位大家和广大读者批评指正！不吝赐教！

2023 年 2 月